ALBUM DRAMATIQUE.

Recueil de Pièces Nouvelles jouées sur tous les Théâtres de Paris.

THÉATRE DES FOLIES-DRAMATIQUES.

LA CASSETTE

A

JEANNETON,

COMÉDIE EN DEUX ACTES, MÊLÉE DE CHANT,

PAR M. PAUL BOISSELOT.

PRIX : **40** CENTIMES.

Paris.

Au Magasin des Pièces de Théâtres anciennes et nouvelles,

CHEZ MIFLIEZ, LIBRAIRE-ÉDITEUR, PASSAGE VENDOME, 19.

TRESSE, successeur de BARBA. Palais-Royal, galerie de Chartres, 2 et 3.

1857.

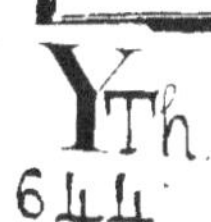

ALBUM DRAMATIQUE.

Recueil de pièces nouvelles jouées sur tous les Théâtres de Paris.

THÉÂTRE DES FOLIES-DRAMATIQUES.

LA CASSETTE

à

JEANNETON,

COMÉDIE EN DEUX ACTES, MÊLÉE DE CHANT,

PAR M. PAUL BOISSELOT.

Prix : 40 centimes.

Paris.

Au Magasin des pièces de Théâtres anciennes et nouvelles,

CHEZ MIFLIEZ, LIBRAIRE-ÉDITEUR, PASSAGE VENDOME, 19.

TRESSE, successeur de Bezou, Palais-Royal, galerie de Chartres, 2 et 3.

1857.

LA CASSETTE

A

JEANNETON,

COMÉDIE EN DEUX ACTES, MÊLÉE DE CHANT,

PAR M. PAUL BOISSELOT,

Représentée, pour la première fois, à Paris, sur le théâtre des Folies-Dramatiques,
le 20 Août 1857.

DISTRIBUTION.

Personnages :		*Acteurs :*
LE COMTE DE SAUVRAY................................		MM. Achille Hubert,
LE VICOMTE DE FLORANGE ....,,,,.,,,............ ..." ...,....,......,.		Plum.
LE MARQUIS D'AURILLAC............................. .. .,....,..		France.
EUSTACHE GRAPPIN , garçon de ferme.................. ...,...... .		Boisselot,
Le Lieutenant de Police....,,...................,,.,......,.,........,....		Utré.
JEANNETON LANDAIS, jeune paysanne..................................		Miles Pauline Jarry.
TOINETTE , servante d'auberge ....,,...............		Anaïs Miria.
LA TANTE GRAPPIN (personnage muet), Laquais, Paysans, Exempts, etc.		

En 1725 : { 1er acte. A Balheram , petit village de la Franche-Comté.
{ 2e acte. Aux environs de Paris, au château de Sauvray.

PREMIER ACTE.

Le théâtre représente une cour d'entrée, close au fond par une haie au milieu de laquelle est une porte donnant sur la route. A gauche, la maison de Jeanneton. En dehors de la haie, une maison bordant l'autre côté de la route.

SCÈNE PREMIÈRE.

EUSTACHE seul, à la fenêtre de la maison du dehors, face au public, puis TOINETTE.

Oh ! jarni ! v'là midi à l'aiguille du Cheval-Blanc, et voyez si sa fenêtre s'ouvrira !

AIR : Sans murmurer.

Mam'zell' Jeann'ton,
Quand j' vins à vous connaître,
Je vous voyais chaqu' jour à vot' balcon,
Mais pourquoi donc qu'à c'te même fenêtre,
Depuis quinz' jours je n' vous vois plus paraître.

Mam'zell' Jeann'ton (bis).

(Toinette entre du fond, en dehors de la haie, et s'arrête sur la route en voyant Eustache à sa fenêtre.

EUSTACHE (entonnant un second couplet).
Mam'zell' Jeann'ton...

TOINETTE. Eh bien, qu'est-ce que vous lui voulez encore, à votre mam'zelle Jeanneton ?

EUSTACHE (brusquement). Eh bien, et vous, qu'est-ce que vous me voulez pareillement, à moi ?

TOINETTE. Pataud ! (Elle entre en scène.)

EUSTACHE. Et qu'est-ce que vous venez donc y faire, chez mam'zelle Jeanneton ?

TOINETTE. J'apporte une lettre, mais ça ne vous regarde pas. (Elle montre une dépêche.)

EUSTACHE. Une lettre ! (Il quitte vivement sa fenêtre.)

TOINETTE. Qui est arrivée ce matin à la poste, et dont j'ai bien voulu me charger en même temps que de celles de mon patron... seulement... (s'apercevant qu'Eustache n'est plus à sa fenêtre) Tiens, oùsqu'il est donc passé ?

EUSTACHE (accourant en scène). Voyons voir (1).

TOINETTE. Je vous réitère que ça ne vous regarde pas.

EUSTACHE. Ça ne me regarde pas !... C'est vous qui me réitérez ça, Toinette ! vous qui

____
(1) Toinette, Eustache.

connaissez mon sentiment pour le chérubin à qui qu'est adressée cette messive !

Toinette. Vous avez un sentiment pour le comte de Sauvray ?

Eustache. Pour qui que vous dites ?

Toinette. Dame ! (Elle lui met la lettre sous les yeux.)

Eustache (lisant). « A monsieur le comte de Sauvray, chez mademoiselle Jeanneton Landais, à Balheram, en Franche-Comté. »

Toinette. Eh bien ?

Eustache. Ah ! je retire mon voyons voir. Ce jeune gentilhomme a tout ce qu'il faut pour charmer un cœur... mais le mien est resté intaque à son endroit.

Toinette. Ah !... tous les cœurs du village ne peuvent peut-être pas en dire autant !

Eustache (soupirant). Oh ! taisez - vous, Toinette !...

Toinette. Et entre-z-autres...

Eustache (de même). Et entre-z-autres le cœur de Jeanneton, n'est-ce pas ? Oh ! taisez-vous, Toinette !

Toinette. Tiens, est-ce que vous savez quelque chose ?

Eustache. Je ne sais rien ; mais...

Toinette. Mais vous croyez...

Eustache. Je ne crois rien, mais...

Toinette. Mais vous craignez...

Eustache. Oui !... Je crains que... depuis que M. le comte se porte mieux, mam'zelle Jeanneton ne soie... elle, tombée malade... et d'un mal que ne guérissent point nos médicaments, pas même ceux de notre vétérinaire, qui est pourtant un malin.

Toinette. Ainsi, vous voyez de quoi il retourne, et vous avez encore la constance de roucouler des romances à une sourde-oreille, quand il y a d'autres jeunesses qui vous entendraient si bien !

Eustache. Vous, pas vrai ? Tenez, vous devriez être honteuse de me faire des déclarations d'amour sans plus de pudeur que ça !

Toinette. Bah !... il n'y a que les z'honteuses qui perdent.

Eustache (soupirant). Ah ! Jeanneton !... Jeanneton !...

Toinette. Butor !

SCÈNE II.

TOINETTE, JEANNETON, EUSTACHE.

Eustache. La v'là !

Jeanneton. Je ne me trompais pas en croyant vous entendre ; bonjour, mes amis.

Tous les deux. Bonjour, mam'zelle Jeanneton.

Jeanneton. Est-ce que vous me voulez quelque chose ?

Toinette. Oh ! moi, je ne voulais que vous donner ça, et vous souhaiter une bonne santé, ainsi qu'à votre pensionnaire, pour qui qu'est c'te lettre.

Jeanneton. Une lettre pour M. le comte !... Qui te l'a remise ?

Toinette. Comme vous voyez, la poste...

d'oùsque je viens... et là-dessus, je m'en retourne... Venez-vous, Eustache (1) ?

Eustache. Là où donc ?

Toinette. Eh bien, est-ce qu'il ne faut pas laisser mam'zelle Jeanneton à ses affaires... à son monde enfin.

Une voix (de la coulisse). Toinette ! Allons donc, Toinette.

Eustache. Allez-y donc plutôt, à vos affaires, vous !... et à votre monde !

Toinette. C'est bon, ça me regarde... (répondant). On y va... (en s'en allant.) Est-il tenace, bon Dieu ! est-il tenace !

SCÈNE III.

JEANNETON, EUSTACHE.

Eustache (soupirant encore). Ah ! Jeanneton !

Jeanneton (sortant de sa rêverie). Eh bien, et toi, mon bon Eustache, que me voulais-tu ?

Eustache. Rien.

Jeanneton. Ah !... au revoir, alors.. (fausse sortie).

Eustache (la retenant). Non !... si ; je voulais... vous dire...

Jeanneton. Quoi ?

Eustache. Eh bien... ce que je vous ai dit déjà cinq cents fois : Mamz'elle Jeanneton, je vous aime... Oh ! mais là... Oh ! je vous aime-t'y !

Jeanneton. Je t'ai répondu, mon pauvre Eustache, que tu te trompais toi-même ; tu m'aimes d'une bonne amitié que je te rends du fond de mon cœur... mais ne me donne pas plus... et surtout ne me demande pas plus (2).

Eustache (avec rage et volubilité). Ah ! Dieu Seigneur !... C'est égal, allez, Mamz'elle... il y a un mois, je ne dis pas que vous m'auriez sauté au cou, mais vous ne vous seriez pas prononcee aussi nettement que ça.

Jeanneton. Que veux-tu dire ?

Eustache. Je veux dire que si, il y a un mois, j'eusse fait passer une carriole dans le village de Balheram, sur le petit pont de la Croix-Verte, que ce pont vermoulu se fusse écroulé sous mon poids, qu'on m'eusse retiré de la rivière à demi nayé, transporté chez vous, que vous m'y eussiez soigné, veillé et guéri pendant trois semaines, vous ne viendriez pas, à l'heure qu'il est, me dire : Ne me donnez pas d'amour, et ne m'en demandez pas, ah !

Jeanneton. T'ai-je bien compris, Eustache ?

Eustache. Je crois que j'ai été clair. Certainement vous me direz que je ne suis qu'un tout petit garçon de ferme ; mais s'il y a une distance de moi à vous, il y en a une bien plus grande de vous à l'autre. Vous êtes bien gentille, vous avez des petites manières de demoiselle bien éduquée, grâce à notre vieux pasteur qui, en vous voyant orpheline, s'est intéressé à vous ; vous êtes indépendante et à votre aise, puisqu'il vous a baillé en héritage cette petite maisonnette, avec un joli champ et deux belles

---

(1) Jeanneton, Toinette, Eustache.

(2) Eustache, Jeanneton.

vaches ; mais c'est pas encore dans ce château-là que M. le comte de Sauvray prendra une épouse.

JEANNETON. Eustache !...

EUSTACHE. Il croira faire beaucoup déjà d'y prendre une bonne amie.

JEANNETON. Assez ! Eustache.

EUSTACHE. Ah ! pardon, Mamz'elle ; me voilà lancé, c'est le diable pour m'arrêter ; mais après tout, quoique la jalousie me pousse un brin, c'est dans votre intérêt que je parle, parce que votre expective, voyez-vous, ça serait un beau jour d'être plantée là avec des robes de velours et de soie qui vous gêneraient un tantinet pour reprendre votre train-train du village et regagner l'amitié de vos pays.

JEANNETON. Merci, Eustache, de tes excellents conseils. Je croyais que tu m'estimais assez pour me les épargner...

EUSTACHE. Oh ! Mam'zelle, soyez sûre...

JEANNETON. Je suis sûre... que tes craintes ne seront jamais justifiées.

EUSTACHE. Pardon, mamz'elle, vous ne m'en voulez pas ?

JEANNETON (lui tendant la main). Non, mon ami... Au revoir.

EUSTACHE. Merci, mamz'elle... C'est égal, si ce maudit pont avait été plus solide !... Ane d'Architèque, va !

AIR : De la première maîtresse (Postillons de Crèvecœur).

Qué malheur qu'à c't amour-là
Votre amitié seul' réponde !...
Mais la plus bell' fill' du monde
Ne peut donner que c' qu'elle a.

Maint'nant l'eau de not' rivière
Va m' paraîtr' bien plus amère ;
En n' noyant pas c' beau seigneur,
Elle a noyé mon bonheur.

ENSEMBLE.

Qué malheur... etc., etc.

JEANNETON.

A ce violent amour-là
Permets que mon cœur réponde
Par une amitié profonde,
Qui plus longtemps durera.

(Eustache sort.)

SCÈNE IV.

JEANNETON (seule.)

Une lettre pour lui ! On le rappelle à Paris, sans doute... Oh ! ce départ, dois-je le craindre... dois-je le souhaiter ? Mon cœur me dit : S'il part, Jeanneton, tu seras malheureuse, car tu l'aimes !... S'il reste, me dit ma raison, tu seras perdue, car tu l'aimes... — Perdue ! oh ! non... Dans son brutal dépit, Eustache avait raison. Non, ma pauvre robe de laine, tu ne seras pas sacrifiée à de brillantes et orgueilleuses toilettes. D'ailleurs, je deviendrais reine, vois-tu, que je voudrais te conserver encore... comme le souvenir d'une humble jeunesse, comme le symbole d'une précieuse innocence. Allons, allons, j'aurai de la force, et, Dieu aidant, je triompherai de moi-même.

SCÈNE V.

LE COMTE, JEANNETON.

LE COMTE (sur le seuil de la maison). Eh ! mais, je te cherche, Jeanneton.

JEANNETON. Vous sortez, M. le comte ?

LE COMTE. Eh bien ! Est-ce que j'ai l'air d'un malade, à ton sens ?

JEANNETON. M. le comte n'est pas encore de force à courir les champs.

LE COMTE. Aussi, n'ai-je voulu qu'en respirer l'air, sans sortir d'ici, sans bouger d'auprès de toi. (Il s'assied près d'elle et veut la faire asseoir aussi.)

JEANNETON. M. le comte... (1)

LE COMTE. Allons, encore cette contrainte que je trouve toujours en toi ! Mais, Jeanneton, il ne faut pas sauver la vie des gens quand on ne veut pas de leur reconnaissance.

JEANNETON. Votre reconnaissance... oh ! je l'accepte, monseigneur, mais...

LE COMTE. Mais ?...

JEANNETON. Mais, en causant, j'oublie cette lettre, qui est peut-être pressée.

LE COMTE. Une lettre !... de d'Aurillac... La parcourant.) Je m'y attendais... on a besoin de moi là-bas. Oh ! les affaires !... les intrigues !... Est-ce que j'ai l'air d'un conspirateur, Jeanneton ?

JEANNETON. Dame !... pas trop. Je me figure ces gens-là avec une grande barbe, un manteau couleur muraille, un chapeau sur les yeux... des pistolets, des poignards...

LE COMTE. Eh bien, tu vois, je n'ai rien de tout cela, et pourtant... Ah ! ça... tu ne me dénonceras pas ?...

JEANNETON. Oh !

LE COMTE. Eh bien ! donc, je conspire.

JEANNETON. Contre qui ?

LE COMTE. Contre M. de Fleury.

JEANNETON. Et pourquoi ?

LE COMTE. Je n'en sais rien.

JEANNETON. Comment ?

LE COMTE. Mais cette marquise de Prie a une manière de s'emparer des gens !

JEANNETON. Les femmes conspirent donc aussi ?

LE COMTE. Celle-là, du moins... Elle m'a invité à me joindre à leur bande... elle m'a prié, supplié ; je n'ai pas su refuser.

JEANNETON. Si cette dame avait des droits à votre soumission.

LE COMTE. Pardieu... elle avait les droits qu'un homme accorde toujours à... à une femme. J'ai donc signé, et voilà comment moi, le comte de Sauvray, aussi peu soucieux des prétentions de la marquise que des privilèges

----

(1) Jeanneton, le Comte.

de M. de Fleury, je conspire avec l'une contre l'autre.

JEANNETON. Mais, monseigneur, avec une pareille complaisance, ne jouez-vous pas votre tête ?

LE COMTE. Bah ! ma liberté tout au plus.

JEANNETON (montrant la lettre). Et cette dame vous attend à Paris?

LE COMTE. Oui : elle et ses deux suppôts, Florange et d'Aurillac. Ce sont eux qui m'écrivent, qui, ayant appris ma guérison, me pressent de repartir.

JEANNETON. Et... quand monseigneur... repart-il ?

LE COMTE. Ah ! Jeanneton, si tu voulais être ma compagne de voyage, je serais bien vite en route.

JEANNETON. Moi !

LE COMTE. Crois-tu donc, adorable enfant, que je quitterai cette maison la tête légère et le cœur libre comme j'y suis entré !... Et ton empressement à me recueillir mourant sur le rivage, et tes veilles de fatigue et de prière, tes soins angéliques, ta sainte joie au début de ma convalescence... tout cela donné à un étranger, avec un sublime désintéressement, une naïve confiance, un noble mépris des méchants propos auxquels tu exposais ta réputation... Oh ! Jeanneton, je ne saurais m'éloigner en laissant derrière moi tous ces souvenirs qui t'auraient à jamais conquis mon amour, s'il n'avait suffi pour cela de ta grâce enchanteresse et de ton idéale beauté !

JEANNETON (les larmes aux yeux). Oh ! monseigneur, c'est mal... c'est mal.

LE COMTE. Tu pleures !... tu condamnes mon amour !...

JEANNETON. Ne suis-je donc pas une simple et pauvre paysanne ?

LE COMTE. Et tu ne crois pas qu'une paysanne puisse être aimée d'un gentilhomme?

JEANNETON. Je crois... que M. le comte de Sauvray a été sensible aux soins, bien naturels, que je lui ai donnés. Mais comme M. le comte de Sauvray ne peut m'offrir que son amour, je lui dis que c'est mal d'avoir parlé ; en gardant le silence, il m'eût donné la seule marque de gratitude que je lui demande : son estime et son respect.

LE COMTE. Vous me jugez mal, Jeanneton. Il ne s'agit pas ici de ces caprices d'un jour si fréquents à Versailles. Ayez confiance en moi ; vous êtes orpheline, seule dans ce village, seule dans le monde, sans amis à regretter, sans famille qui vous retienne. suivez-moi ; je vous donne une fortune, un château.

JEANNETON. Monseigneur !... l'homme... que j'aimerais, pauvre ou riche, paysan ou prince, je ne le suivrais que pour être sa femme.

LE COMTE. Sa femme !

JEANNETON (avec un sourire forcé). Oh ! ce mot vous a fait frissonner... Vous voyez bien que vous aviez pris pour de l'amour ce qui n'était que de la reconnaissance... et cela vaut mieux, allez, monseigneur.

AIR : De la gardeuse de dindons (Premier acte).

C'est une erreur de monsieur l'comte ;
Dam !... tous les jours on peut s'tromper ;
Mais dans la peur d'nouveau mécompte,
De moi vaut mieux n'plus s'occuper.

LE COMTE.
Ainsi, l'amant plein de tendresse
N'éveille en toi nul intérêt !

JEANNETON.
Le malade seul m'intéresse,
J'vas chercher vot' bouillon d' poulet.

ENSEMBLE.
C'est une erreur... etc.

LE COMTE.
Lorsqu'à juger l'on est si prompte,
L'on risque fort de se tromper ;
Mais sur ce point bientôt je compte
Voir ton erreur se dissiper.

(Jeanne rentre chez elle.)

SCÈNE IV.

LE COMTE (seul).

Un refus !... je croyais pourtant bien avoir remarqué... je m'étais flatté... c'est dommage... Certes, je n'ai pas menti ; j'aime cette jeune fille d'un amour... nouveau pour mon cœur... mais .. ma femme !!... Oh ! je ne suis pas tenu de partir aussi vite que ces messieurs le désirent... et d'ici là... (On entend du bruit au dehors, et des voix) : « Par ici !... par ici !... » — Quel est ce tumulte ?... (Il remonte). Un carrosse qui s'arrête à l'auberge du Cheval-Blanc... Eh, mais... on croirait voir celui de madame de Prie... Viendrait-elle me relancer jusqu'en Franche-Comté !... Voici d'Aurillac qui descend... et Florange... Ah ! on referme la portière... La marquise n'est pas avec eux !... Dieu soit loué !...

TOINETTE (en dehors). Venez, messeigneurs, je vais vous conduire.

LE COMTE. On me les amène... Ah ! ils tiennent à moi !... Mais Jeanneton !... qu'elle est jolie !

(Des paysans paraissent au fond en criant) « Vive Monseigneur !... »

SCÈNE VII.

TOINETTE, D'AURILLAC, FLORANGE, LE COMTE, PAYSANS, puis JEANNETON.

CHŒUR.
AIR final du premier acte de la Gardeuse de Dindons.

Quel superbe et riche équipage !
Sachons faire les honneurs
De notre modeste village
A ces deux nobles voyageurs ;
Faisons les honneurs du village,
Et crions : Vivent messeigneurs !
Vivent messeigneurs !

D'AURILLAC. Merci, paysans, merci.

FLORANGE (à Toinette). Merci, ma belle enfant.

TOINETTE. Voilà M. de Sauvray.

D'AURILLAC. Ah ! ah ! monsieur l'intéressant, vous ne vous attendiez pas à nous voir ?

LE COMTE. En effet, vous m'écrivez d'aller vous rejoindre...

D'AURILLAC. Mais de peur que vous ne veniez pas à nous...

FLORANGE. Nous venons à toi. (plus bas.) Nous avons à causer.

LE COMTE. Affaires sérieuses, n'est-ce pas ?... Oh ! le moins longtemps possible..

D'AURILLAC. Le temps seulement qu'on nous prépare une collation à l'auberge où nous sommes descendus.

TOINETTE. Je vas le dire à notre maître.

D'AURILLAC. C'est là sans doute, M. de Sauvray, la jolie Jeanneton dont vous nous parlez dans votre dernière lettre ?

TOINETTE. Moi ! je m'appelle Toinette.

JEANNETON (rentrant avec une tasse). Tenez, M. le comte... Ah ! mon Dieu !... (1)

LE COMTE. Voici, messieurs, la charmante enfant à qui je dois une aussi prompte guérison.

JEANNETON (honteuse). Monseigneur...

LE COMTE. La Providence et Jeanneton, voilà mes médecins, mes garde-malade... mes sauveurs.

JEANNETON. Ce bouillon sera froid. M. le comte. (Elle lui présente la tasse. Le comte boit.)

FLORANGE. Diantre ! la fille est jolie en Franche-Comté.

D'AURILLAC (pirouettant). Vrai morceau de roi !... que dis-je !... de marquis, palsambleu ! (2)

TOINETTE. Je vais faire servir messeigneurs.

JEANNETON. Et moi, veiller à ce que rien ne manque.

TOINETTE (à part, en sortant). A-t-on pas besoin de mam'zelle Jeanneton pour ça ?

JEANNETON (à part). Ils viennent le chercher sans doute... Adieu, mes illusions. (Haut.) Dans un quart d'heure, je vous annonce la table.

REPRISE DU CHŒUR.

(Jeanneton sort, suivie de tous les paysans.)

SCÈNE VIII.

FLORANGE, LE COMTE, D'AURILLAC.

D'AURILLAC (avançant une chaise). Ah ça...

LE COMTE. Des siéges ! Oh ! je vous en prie, de la concision.

D'AURILLAC. Un vrai Spartiate ! Pourquoi, après avoir signé notre traité d'alliance contre M. de Fleury, avez-vous aussitôt disparu de nos réunions ?

---

(1) Toinette, d'Aurillac, Jeanneton, le Comte, Florange.

(2) Jeanneton, Toinette, le Comte, d'Aurillac, Florange.

LE COMTE. Vous le savez bien, pour aller en Suisse.

D'AURILLAC. Pourquoi aller en Suisse ?

LE COMTE. Je vous l'ai dit aussi avant de partir : pour toucher cette succession inattendue de mon vieux cousin.

D'AURILLAC. Vous nous avez dit, il est vrai ; Je vais toucher ; mais vous ne nous avez pas écrit : « J'ai touché. »

LE COMTE. Ah !... Et cela vous inquiète...

D'AURILLAC. Pour vous, cher comte.

FLORANGE. Madame de Prie surtout semblait s'intéresser...

LE COMTE (souriant). Pour moi aussi, n'est-ce pas, Florange ?... Ah ! mes chers amis, je vous comprends, allez. L'affaire dans laquelle vous vous engagez exige de l'argent, beaucoup d'argent. Or, la marquise n'a que de la tête ; ses complices que de l'audace ; vous-même... que de l'habileté... Oh !... à laquelle je rends justice.

Air : du Piége.

Vous agissez en hommes de talent,
Organisant, dans le mystère,
Comme un petit gouvernement
Où chacun a son ministère,
Distribuant à loisir les emplois.
Vous m'accordez d'insignes préférences,
Et me donnez, d'une unanime voix,
Le monopole des finances,
Moi, vous me chargez des finances.

FLORANGE. Oh ! Sauvray !

D'AURILLAC. Oh ! comte !

LE COMTE. Enfin !... j'ai donné ma signature ! Eh bien ! soyez sans crainte ; j'ai touché la succession de mon cousin de Genève.

FLORANGE. Tu exagères.

D'AURILLAC. Certainement... En admettant qu'on ait un peu compté... sur vos ressources.

LE COMTE. Allons donc

FLORANGE. La marquise est plus désintéressée que tu ne crois.

D'AURILLAC. Sans doute, comte. Vous ne l'aimez plus, vous la délaissez ; mais croyez-vous qu'une femme oublie ainsi un amant ?

LE COMTE. S'il fallait qu'elle se les rappelât tous.

D'AURILLAC. Et la preuve, c'est que, sans même attendre votre retour à Paris, elle vous envoie un fort joli cadeau, ma foi ! dont nous sommes chargés.

LE COMTE. Un cadeau !

FLORANGE (à un laquais du dehors). Bontemps, apportez la cassette.

LE COMTE. Une cassette !

D'AURILLAC. En ébène... incrusté des plus charmantes fantaisies d'un de nos plus remarquables ciseleurs... une vraie rareté artistique. (Le domestique apporte une cassette.)

LE COMTE. C'est ma foi vrai. Mais pourquoi une cassette ?

D'AURILLAC. Vous qui voyagez si souvent... on a toujours quelques petits objets précieux... à... Et puis, j'y pense... Cela se trouve à merveille ; cette cassette... (Il l'ouvre) a l'air très innocent, comme vous voyez... mais... à l'aide de ce ressort, elle devient un peu plus sournoise. (Il pousse un ressort qui ouvre le couvercle en deux, et laisse voir des papiers.) Un simple coup de pouce, et le couvercle devient boîte à son tour.

FLORANGE. C'est la liste des nôtres, avec toutes les pièces relatives à l'affaire.

D'AURILLAC. Enfin, tous papiers pouvant perdre leur détenteur.

LE COMTE. Merci de votre choix.

D'AURILLAC. Mais non...

LE COMTE. Je m'explique le précieux cadeau de madame de Prie.

FLORANGE. Ce n'est pas cela... mais comme, en cas d'alerte, elle serait la première soupçonnée...

D'AURILLAC. Et vous, le dernier.

LE COMTE (riant). C'est bien, c'est bien, j'accepte ce coffret (1).

FLORANGE. Et tu vas nous suivre.

LE COMTE. Aujourd'hui ?

FLORANGE. La marquise t'attend.

LE COMTE (à part). La marquise !... Et Jeanneton !... la quitter ainsi !

SCÈNE IX.

LES MÊMES, JEANNETON.

JEANNETON (du fond). Messeigneurs, vous êtes servis.

FLORANGE. Eh! bien, Sauvray ? (2)

LE COMTE. Allez toujours dîner, je vous répondrai après.

D'AURILLAC. Oh! nous comptons bien vous emmener.

JEANNETON (à part). L'emmener !

FLORANGE. Et nous allons boire à ta santé.

D'AURILLAC. Et à celle de la délicieuse Jeanneton.

FLORANGE.

AIR : De Clarisse Harlowe (Pair d'Angleterre.)

Que notre table
Soit confortable,
Et de tout cœur
Nous allons boire en votre honneur.

D'AURILLAC.

Pour le malade
Une rasade ;
Mais au moins deux
Pour le docteur et ses beaux yeux.

REPRISE ENSEMBLE. (Ils sortent.)

SCÈNE X.

LE COMTE, JEANNETON.

JEANNETON. (Elle aperçoit la cassette sur un escabeau.) Oh! la jolie cassette! Elle est à vous, monseigneur ?

LE COMTE. Oui, on vient de me l'apporter.

JEANNETON. Dieu ! est-ce beau !

LE COMTE. Un objet de luxe bien inutile.

JEANNETON. Ah!... Eh! bien, Monseigneur, vous allez partir.

LE COMTE. Je ne sais.

---

(1) Le Comte, Florange, d'Aurillac.

(2) Le Comte, Florange, Jeanneton, d'Aurillac.

JEANNETON. Oh! J'ai bien entendu vos amis... Mon Dieu! cela n'a rien... que de très naturel... puisque vous allez mieux... Votre petite valise est dans votre chambre... Je vais la chercher.

LE COMTE. Comme tu me dis cela?

JEANNETON. Comment donc?

LE COMTE. Ta voix semble altérée.

JEANNETON. Ma voix !

LE COMTE. Tes yeux sont humides!... tu as pleuré.

JEANNETON (essuyant vivement ses yeux.) Mais du tout, Monseigneur.

LE COMTE. Pourquoi essuyer tes yeux, alors ? Pourquoi les détourner de moi?... (Elle tombe assise en pleurant.) Tu pleures encore!... Jeanneton... parle... qu'as-tu? Mon Dieu! je ne sais... Je devine, peut-être, mais je n'ose croire... Jeanneton, réponds. L'amour si pur que tu m'as inspiré a-t-il touché ton âme et adouci ta rigueur?... Ces larmes que je souffrais de voir couler, dois-je les bénir comme un ineffable témoignage d'amour et de regret.

JEANNETON (se levant). Non, Monseigneur, non, vous vous trompez.

LE COMTE. Je ne me trompe pas, Jeanneton. Oh! tu ne sais pas mentir... Le trouble de ta voix, la langueur de tes yeux, les battements précipités de ton cœur, tout en toi me dit cette enivrante vérité : Tu m'aimes, Jeanneton, tu m'aimes !

JEANNETON. Et quand cela serait, M. le comte. Je vous ai fait connaître les principes d'honneur dans lesquels m'a élevée ma mère, et auxquels je ne faillirais pas, fût-ce pour un trône. Eh! bien, oui, M. le comte, vous l'avez dit, je ne sais pas mentir : les soins, les veilles que vous consacrait d'abord l'humanité, sont bientôt devenus l'effet de la sympathie... de l'amour... Oui, Monseigneur, je vous le dis les yeux baissés, le visage pourpre de honte, oui, je vous aime... l'amour que vous me promettez, le bonheur que vous m'offrez près de vous seraient la réalisation de mon plus beau rêve... (Avec dignité) Mais dussiez-vous me traiter d'insensée, cet amour, ce bonheur, je ne l'accepterai qu'avec votre nom.

LE COMTE. Et si je te le promets, ce nom que ton honneur exige, me suivras-tu ?

JEANNETON. Oh! Monseigneur, ne cherchez pas à me tromper.

LE COMTE. Je suis sincère, Jeanneton : le naïf élan de ton cœur t'a rendue à jamais maîtresse de mon âme; mais, tu le vois, il faut que je parte, et si tu veux que j'emporte le bonheur, il faut avoir confiance et partir avec moi.

JEANNETON (après un temps et résolûment.) Vous me demandez beaucoup, Monseigneur : tout le village verra dans vos promesses un mensonge ; dans ma confiance, une complicité ; dans mon départ, une fuite. N'importe, je tiens à mon honneur pour moi-même et non pour le monde. Que M. le comte de Sauvray, en me faisant monter dans son carrosse, me donne sa parole de gentilhomme de m'amener à Paris que Madame de Sauvray, et je lui donne ma vie, comme je lui ai donné mon amour, et je pars avec lui à l'instant même.

LE COMTE (à part). Que lui dire !

JEANNETON. Vous ne répondez pas, je reste.

LE COMTE. Je te donne la parole que tu me demandes

JEANNETON. Pourquoi avez-vous hésité?

LE COMTE. Qu'importe, puisque je n'hésite plus.

JEANNETON. Oh! si vous me trompiez!

LE COMTE. Quel gage veux-tu de ma sincérité... les richesses que je t'ai promises... ce château...

JEANNETON. Encore, Monseigneur.

LE COMTE. Ne te faut-il pas un cadeau de noces?

JEANNETON. De noces!... (Comme frappée d'une idée.) Oui, j'en accepte un... un seul... cette cassette.

LE COMTE. Cette cassette, quelle idée... (A lui-même.) Du reste, le contenant, j'en puis disposer... et le contenu, ignoré de cette enfant, n'en sera que plus à l'abri des perquisitions. (Haut.) Cette cassette est à toi.

JEANNETON. Merci, Monseigneur. — Je suis prête à vous suivre.

LE COMTE (avec transport). Ah! Jeanneton!

AIR : Ta main.

Vois quelle ivresse
Eclate en moi!
Crois ma tendresse
Digne de foi;
A toi mon âme
Se dévouera.

JEANNETON.

Et votre femme
Vous le rendra.

ENSEMBLE.

A { vous / toi } mon âme
Se dévoûra.

JEANNETON. Je cours me préparer. Dans un instant, je suis à vous (1).

EUSTACHE (qui est entré du fond après le chant). Comment, mamzelle Jeanneton, est-ce que par hasard?...

JEANNETON. Oui, mon bon Eustache, oui, je pars...

EUSTACHE. Avec M. le comte.

LE COMTE. Eh bien!

JEANNETON. Oui, attends-moi là, je te parlerai... Tout de suite, Monseigneur. (Elle entre chez elle.)

SCÈNE XI.

EUSTACHE, LE COMTE.

EUSTACHE. Oh! jarni!... je m'aurais douté de quelque chose, rien qu'à ce brouhaha de carrosses, de grands seigneurs... Ainsi, monsieur le comte, vous emmenez Jeanneton?

LE COMTE. Sans doute.

EUSTACHE. En qualité de quoi?

LE COMTE. Tu es bien curieux.

EUSTACHE. C'est que je suis son ami, et je veille dessus son existence.

LE COMTE. C'est très bien, mon garçon; mais tu as pu voir que je ne l'emmène pas de force.

EUSTACHE. C'est vrai, mon Dieu du bon Dieu!... Et je resterais ici quand elle serait là-bas!... Monseigneur, voulez vous m'emmener aussi? vous me prendrez à votre service, palefrenier, jardinier, valet de chambre, intendant, tout ce que vous voudrez... et je ne fais pas de prix.

LE COMTE. C'est à ce point-là!... Oh!... je ne serai pas embarrassé de toi, tu peux venir (1).

EUSTACHE. Oh! merci, Monseigneur. Je cours congédier mon bourgeois, embrasser ma tante Grappin, enfiler ma veste des dimanches, et, dans cinq minutes, je suis prêt à partir. (Fausse sortie.)

TOINETTE (paraissant au fond). Partir, vous!

EUSTACHE. Oui, oui; Monseigneur s'en va; Jeanneton le suit, et, pour lors, je suis de sa suite. (Il lui échappe et s'élance dans la ferme.)

SCÈNE XII.

LE COMTE, TOINETTE.

TOINETTE. Ah! mais un instant! (Au comte.) Eustache vous suivre! Moi aussi, de sa suite j'en suis. Monseigneur, prenez-moi à votre service, cuisinière, femme de chambre, dame de compagnie, lecteuse, à votre choix, je sais tout faire.

LE COMTE. Mais j'emmènerais donc tout le village?

TOINETTE. Je renonce à mes gages, s'il le faut, monsieur le comte.

LE COMTE. Allons, je te prends aussi, mais tu es la dernière; qu'il ne s'en présente plus d'autres.

TOINETTE. Merci, monsieur le comte... Je mets mon beau bonnet, et j'arrive... Ah! voilà vos amis qui ont déjeuné; ils ont dit comme ça qu'ils remontaient tout de suite en voiture; je n'ai que le temps.

SCÈNE XIII.

LE COMTE, FLORANGE, D'AURILLAC, PAYSANS, puis JEANNETON, puis EUSTACHE et SA TANTE GRAPPIN, puis TOINETTE.

D'AURILLAC. Hélas! oui, paysans; il nous faut déjà vous quitter.—Eh bien, comte, vous êtes décidé, je pense?

LE COMTE. Oui, Messieurs, je retourne à Paris...

FLORANGE. A la bonne heure.

D'AURILLAC (au laquais). Bontemps, reportez ce coffret dans la voiture.

LE COMTE. Un instant!... Ce coffret ne m'appartient plus (2).

D'AURILLAC. Qu'est-ce à dire?

LE COMTE. Ma gracieuse hôtesse me l'a demandé comme seul témoignage de reconnaissance...

FLORANGE (bas). Fort bien... mais les papiers...

---

(1) Jeanneton, Eustache, le Comte.

(1) Le Comte, Eustache.

(2) Florange, le Comte d'Aurillac.

LE COMTE. Qui diantre ira les chercher chez la paysanne Jeanneton !

D'AURILLAC. D'accord... Mais laisser tout cela si loin de nous !...

LE COMTE. Qu'à cela ne tienne, j'emmène la jeune fille.

D'AURILLAC. Bah !... Superbe alors.

FLORANGE. Heureux mortel !

LE COMTE. Ah ! j'aperçois ma jolie fiancée.

UNE PAYSANNE. Sa fiancée !

JEANNETON. (Elle entre avec un sac et une valise, dont un laquais vient la débarrasser.) Me voici, Monseigneur.

LES PAYSANS (au fond). Jeanneton !

LA PAYSANNE. Elle ! votre fiancée ?

LE COMTE. Eh ! sans cela, mes amis, pourquoi l'emmènerai-je ?

EUSTACHE (venant du fond.) Me voilà de même. (Il est suivi d'une vieille femme.)

LES PAYSANS. Eustache !

TOINETTE (entrant du fond, à droite.) Me v'là pareillement.

LES PAYSANS. Et Toinette (1) !

D'AURILLAC. Comment, tous les trois !

TOINETTE. Mais je ne quitte pas Eustache.

EUSTACHE (à Jeanneton.) Je ne me sépare pas de vous, Jeanneton.

JEANNETON. Mais, mon ami, je n'abandonne pas ainsi ma pauvre maison, et c'est à toi que je voulais confier...

EUSTACHE. Moi, avoir soin de quelque chose quand vous ne serez plus là ! Mais, je laisserais votre pauvre champ mourir de soif, et vos bonnes vieilles vaches crever de faim ! V'là ma tante Grappin que vous connaissez autant comme moi, à qui qu'on peut se fier ; elle vous gardera tout ça.

JEANNETON. Allons ! merci, mes amis.

UN LAQUAIS (du fond.) La voiture de M. le Comte est prête.

EUSTACHE. C'est égal, si ce gredin de pont avait été plus solide !...

FINAL (2).

CHŒUR DES PAYSANS.

AIR final des Deux Sœurs. — Télégraphe d'amour.

Pour Jeanneton toujours si sage,
Aujourd'hui nous avons grand'peur,
En la voyant fuir le village,
Et suivre à Paris monseigneur.

D'AURILLAC.
Allons, cher comte.

FLORANGE.
On nous attend.

LE COMTE (à Jeanneton.)
Ne tardons plus, ma chère enfant.

JEANNETON.
Et ma cassette ?

LE COMTE.
La voici.
(Prenant Jeanneton à part d'un air un peu intrigué.)

----

(1) Jeanneton, Eustache, la tante Grappin, Toinette, le Comte, Florange, d'Aurillac.

(2) Eustache, Toinette, Jeanneton, le Comte, Florange, d'Aurillac, le domestique et les paysans au fond.

Mais pourquoi tenir à ceci ?
D'un trésor est-ce la cachette ?

JEANNETON.
Peut-être.

LE COMTE.
Et le verrai-je ?

JEANNETON.
Non ;
Ce trésor est chose secrète.

LE COMTE.
Libre à toi ; je t'en ai fait don.

TOINETTE.
C'est-il possible !... Cette cassette ?

LE COMTE.
C'est la cassette à Jeanneton.

TOUS.
A Jeanneton !
Dieu ! quel renom
Dans le canton !

TOINETTE.
Un peu plus j'étais délaissée.

EUSTACHE.
Un peu plus, je restais en plan.

EUSTACHE ET TOINETTE.
Tous deux en plan.

JEANNETON.
Grâce à cette heureuse pensée,
J'ai désormais un talisman.

ENSEMBLE GÉNÉRAL.

JEANNETON.
Pour entreprendre ce voyage,
A présent j'ai moins de frayeur ;
Je puis m'éloigner du village,
Et suivre à Paris monseigneur.

LE COMTE.
Ce trésor est chose secrète.
Mais pourquoi tenir à ceci ?
D'un trésor, est-ce la cachette ?

LE COMTE.
Pour l'arracher à son village,
Je viens d'engager mon honneur :
Mais que faire au bout du voyage
Pour ne pas lui briser le cœur.

FLORANGE ET D'AURILLAC.
Cette petite est du voyage ;
Près du comte elle est en faveur.
Tant mieux, car loin de son village,
Elle aura fortune et bonheur.

EUSTACHE ET TOINETTE.
J'aimerais bien mieux le village ;
Mais si, pour trouver le bonheur,
Il faut entreprendre un voyage,
Je l'entreprends de tout mon cœur.

LES PAYSANS.
Mes bons amis, loin du village,
Puissiez-vous trouver le bonheur ;
Nous souhaitons un bon voyage
A vous ainsi qu'à Monseigneur.

(Le comte donne la main à Jeanneton, et l'emmène par le fond, suivi de Florange et de d'Aurillac. — Eustache embrasse sa tante Grappin, et se dispose à suivre Jeanneton, accompagné de Toinette qui le tient par la basque de son habit. Les paysans agitent leurs chapeaux et leurs mouchoirs en l'air. — Tableau.

DEUXIÈME ACTE.

Un salon , chez le comte de Sauvray.

SCÈNE PREMIÈRE.

JEANNE (JEANNETON) (seule).

(Elle a devant elle la cassette du premier acte et la ferme vivement au moment où le rideau lève, comme si quelqu'un la surprenait.) Ah !... j'ai cru qu'on entrait !... Voyons, remettons cela en place; personne ici ne comprendrait le plaisir que j'éprouve à contempler ce précieux dépôt. Ceux qui, depuis un mois, saluent en moi la comtesse de Sauvray croient déjà la paysanne Jeanneton bien loin de mon souvenir ; comme lils se trompent ! Ah ! je n'oublierai jamais 'une, et, malgré ce qui m'entoure, je crois encore à peine à l'autre !

AIR : La sylphide légère.

Toujours ma mémoire
Parle d'autrefois,
Et je ne puis croire
A ce que je vois.
Ah ! si c'est un rêve,
Que ce rêve d'or
Jamais ne s'achève
Et m'abuse encor !
Humble j'étais née,
Sans désir mondain,
Mais la destinée
Me met tout en main :
A moi la richesse,
A moi la grandeur,
A moi la tendresse
D'un gentil seigneur,
Sans que ma sagesse
Ait payé ce bonheur.
Ah ! je ne puis croire
A ce que je vois,
Toujours ma mémoire
Parle d'autrefois ;
Mais si c'est un rêve,
Que mon rêve d'or
Jamais ne s'achève
Et m'abuse encor !

La clef de mon trésor... comme d'habitude... (Elle va pour la serrer dans le coin de son mouchoir.) Mais non... hier, le coin de mon mouchoir s'est dénoué, et j'ai failli la perdre... Elle sera mieux dans ma bourse. (Elle la met dans sa bourse.) Et la cassette dans ce panneau (elle met le coffre dans l'armoire) avec mes économies. Pauvre comte ! il doit trouver que je lui coûte bien cher ! soixante mille livres déjà, sans compter les cent mille que j'espère obtenir avant peu. Et qui sait si ce sera tout ! Nous verrons. (Elle ferme l'armoire.) Mais que fait-il donc, mon noble époux ? Voilà près de deux heures que je suis seule ! (Elle sonne.)

SCÈNE II.

JEANNE, EUSTACHE, TOINETTE.

EUSTACHE (du fond, en livrée). Madame la comtesse a sonné ?

TOINETTE (de droite, en soubrette). Madame la comtesse m'appelle ?

JEANNE. Est-ce que M. le comte n'est pas à l'hôtel ?

EUSTACHE. Si, Madame.

TOINETTE. Non, Madame.

JEANNE (souriant). Voyons, est-ce oui... ou non ?

EUSTACHE. Oui, Madame.

TOINETTE. Non, Madame.

JEANNE. Encore !

TOINETTE. Je certifie à madame la comtesse que M. le comte est s rti il y a deux heures. Donc, je dis qu'il n'y est pas.

EUSTACHE. J'ostine à madame la comtesse que M. le comte est rentré il y a un quart d'heure. Donc, je dis qu'il y est.

TOINETTE. Ah ! pardine, s'il est rentré sans que je l'aie vu.

EUSTACHE. Ah ! pardine, si vous ne faites pas attention à votre service... Vous n'êtes plus à l'auberge du *Cheval Blanc*, ici.

TOINETTE. Avec ça que vous avez l'air d'un laquais de grande maison, vous !

EUSTACHE. Tout autant que vous d'une camérisse de comtesse.

JEANNE (1). Eh bien, eh bien, toujours en querelle ! Faut-il donc que je vous impose silence comme à des valets ? Voulez-vous me forcer à oublier, même entre nous, notre ancienne égalité, notre vieille amitié ?

EUSTACHE (poussant un énorme soupir). Ah !... c'était le bon temps.

JEANNE. Tu le regrettes ?

EUSTACHE. Si je le regrette !... (De même.) Ah !...

TOINETTE. Voilà justement le sujet de nos disputes.

AIR du Dieu des bonnes gens.

Il m' dédaignait au village, et la cause,
C'est qu'il était pour vous en pâmoison ;
Dam' ! y a plusieurs manières de voir un' chose ;
Moi, j' trouve ça drôle, mais c'était un' raison.
Maint'nant vous vl'à mariée ; qu'est-ce qu'il désire ?
C'est l'occasion la plus belle à trouver
Pour nous aimer tous les deux, pour nous l' dire,
Et pour nous le prouver.

EUSTACHE. Est-ce que je peux prouver ce qui n'est pas ?

TOINETTE. Manant, va !

EUSTACHE. Qué que vous voulez ? moi, touces beaux salons-là me crèvent le cœur. J'ais mais mieux vos trois petites chambres, si proprettes, si gentilles. Cette robe de satin que vous avez là, c'est plus reluisant que votre casaquin à fleurs, mais ça ne vous habille pas mieux. Votre superbe équipage, oùsqu'on ne vous voit qu'à travers des estores, est-ce que ça vaut votre belle vache noire, oùsque vous étaliez devant tout le monde votre jupe bleu-clair et votre fraîcheur rose tendre ?... Ah ! jarni, mam'zelle Jeanneton !

JEANNE. Eh bien , eh bien , Eustache !... D'abor', je ne suis plus : mam'zelle.

EUSTACHE. Ah ! c'est juste...

TOINETTE. Ça le chiffonne, ça !

EUSTACHE. Une fameuse idée que ç' mariage-là !... Excusez-moi, madame Jeanneton.

---

(1) Eustache, Jeanne, Toinette.

JEANNE. Et puis, tu sais bien qu'à présent c'est Jeanne que l'on m'appelle.

EUSTACHE. Ah! oui, c'est vrai. Encore une idée à votre grand seigneur!... Qué que ça signifie de couper comme ça les mots en deux? Pourquoi qu'au lieu d'Eustache il ne m'appelle pas Eust?

JEANNE. Qu'est-ce que cela peut te faire?

TOINETTE. C'est vrai, qué que ça peut y faire?

EUSTACHE... Ça me fait que ça ne me fait plus la même chose.

Air : de l'Anonyme.

Quand j' soupirais là-bas à vot' adresse,
Rien qu' la manièr' dont j' vous nommais : Jeann'ton!
Me paraissait peindre tout' ma tendresse,
Et v'là qu'ici ça devient mauvais ton.
Mais nous somm's seuls, faut-il qu'on me condamne
A m'exprimer comm' devant des témoins?
Quand je n' vous dis qu'la moitié d' vot' nom : Jeanne!
Je m' fais l'effet d' vous aimer moitié moins. *bis.*

TOINETTE. En dégoise-t-il de ces fadasseries!

JEANNE. Pauvre garçon!

EUSTACHE. Heureusement que mon infériorité m'oblige à vous appeler madame la comtesse, parce qu'alors je n'ai qu'à ne pas vous regarder, et je ne me figure jamais que je parle à ma petite Jeanneton...Jeanne tout court, du moins.

JEANNE. Merci de tant d'attachement, mon pauvre Eustache; mais Toinette a raison... Vous vous convenez tous deux.

EUSTACHE. Moi, je lui conviens... mais elle ne me convient pas.

TOINETTE. Oh! quel mulet!

JEANNE. Tu réfléchiras, et tu deviendras raisonnable; tu prendras Toinette pour compagne, et vous retournerez tous deux à ce bon village que tu aimes tant, vous occuperez ces trois petites chambres si gentilles, vous posséderez cette aisance qui vous faisait trouver Jeanneton si heureuse, vous serez heureux comme elle, et vous la bénirez. Me le promets-tu?

EUSTACHE. De vous bénir? Oh! ça! vingt fois par jour... mais...

JEANNE. Il faut tout me promettre.

EUSTACHE. Ah!... eh bien!... (1) ça se pourra peut être.

TOINETTE. Ce n'est pas malheureux!

EUSTACHE. S'il y a une maison avec.

JEANNE. Sois tranquille, Toinette, je te réponds de lui. (Elle se trouve alors à la fenêtre.) Trois heures à l'horloge de la chapelle! Comme les journées d'automne sont déjà fraîches! Je sens que l'air du soir sera comme hier. J'ai presque pris froid dans ce salon.

TOINETTE (2). Oh! mais M. le comte a donné des ordres. Si Madame veut du feu, l'âtre est disposé, je n'ai qu'à l'allumer.

JEANNE (regardant la cheminée). Oui, je veux bien... Cher Georges!... Et moi qui l'oublie! Prévenez donc M. le comte que je l'attends.

EUSTACHE et TOINETTE. Tout de suite, madame.

----

(1) Jeanne, Eustache, Toinette.
(2) Jeanne, Toinette, Eustache.

TOINETTE. C'est à moi qu'on l'a dit.

EUSTACHE. C'est pas vrai.

JEANNE. Encore!... Va, Toinette, va.

TOINETTE. C'est bien fait, na! (Elle sort.)

EUSTACHE. V'là encore que vous me donnez tort.

JEANNE. Plains-toi; j'évite le plus que je peux de te donner des ordres. Allons, laisse-moi, mon bon Eustache, et, pour Dieu, sois plus sage!

EUSTACHE (soupirant). Ah! Jeannet. . (Il allait dire Jeanneton, mais il s'arrête tout court, et s'en va en disant :) J'ai pas dit Jeanneton, j'ai pas dit Jeanne.on. (Un domestique entre avec du feu. Eustache le lui prend et allume la cheminée.)

TOINETTE (rentrant). M. le comte me suit.

JEANNE. Bien! va rejoindre Eustache, et tâche de lui faire entendre raison.

TOINETTE (fermant la fenêtre). Ah! Madame, voici vos pauvres devant la grille d'entrée.

JEANNE. Mes pauvres! C'est vrai, c'est leur jour... mais dans ce moment.. Ce n'est pas de moi qu'ils ont besoin, c'est de cet argent; va le leur distribuer de ma part. (Elle lui donne sa bourse).

TOINETTE. Tout de suite, madame (Se heurtant contre Eustache, qui sort après avoir allumé le feu.) Faites donc attention.

EUSTACHE. Prenez donc garde.

TOINETTE. Oh! Dieu! ces anciens garçons de basse-cour!

EUSTACHE. Oh! ces filles d'auberge parvenues!

SCENE III.

LE COMTE, JEANNE.

LE COMTE. Chère Jeanne, vous m'attendiez

JEANNE. Je vous dérange?

LE COMTE. Jamais, jamais.

JEANNE. Vous n'étiez pas en affaires?

LE COMTE. Et quelles affaires, bon Dieu!

JEANNE. Toujours ce vilain complot.

LE COMTE. Vous savez bien que je ne suis mêlé dans tout cela que de nom. Voilà même plusieurs jours que je n'ai vu mes alliés.

JEANNE. On se ménage... Mauvais signe : la première visite sera chère.

LE COMTE. Laissons tout cela, ma Jeanne, et parlons de toi... Que tu es belle!

JEANNE. Plus belle qu'en paysanne.

LE COMTE. Je ne regarde que ton visage; je ne m'adresse qu'à tes yeux.

JEANNE. Vous m'aimez donc réellement, Georges?

LE COMTE. A la folie!

JEANNE. Vous ne vous repentez pas de m'avoir épousée?

LE COMTE. Jeanne!

JEANNE. C'est que vous n'êtes pas toujours stable comme aujourd'hui, mon ami, et je crains alors de deviner le motif de vos muettes réflexions, de vos tristes rêveries.

LE COMTE. Et pour me les reprocher, vous choisissez le jour où je vous les épargne!

JEANNE. C'est vrai, j'ai tort; mais aussi... pourquoi cette solitude à laquelle nous semblons condamnés tous deux... Jamais d'autre société que vos éternels d'Aurillac et Florange ; jamais de ces soirées, de ces fêtes .. qui ne manquent pourtant point à la cour ; pas une sortie sans que notre carrosse soit hermétiquement fermé. Pourquoi donc tant de retraite ? Rien de tout cela ne me prive ; je vous aime pour vous, et je suis heureuse, très heureuse... Mais enfin ce n'est pas là votre ancienne existence ; vous receviez, vous alliez à la cour, aux bals, aux promenades.

LE COMTE. Mon Dieu! Jeanne, il ne faut attribuer ce changement qu'à ma crainte de vous déplaire. J'ai peur d'effaroucher par trop d'éclat votre simplicité naturelle. J'ai cru un instant que vous alliez renoncer à vos habitudes modestes ; vous m'avez demandé de l'argent pour des parures, des diamants...

JEANNE (embarrassée.) En effet...

LE COMTE. Eh! bien, vous ne les avez jamais mis.

JEANNE (de même). C'est vrai.

LE COMTE. Vous ne me les avez même pas montrés.

JEANNE (1). Ils sont enfermés... (Changeant la conversation.) Mais vous avez raison, mon ami ; je vous promets à l'avenir d'être coquette, d'aimer le luxe, et pour commencer, ce château d'Alincourt que j'ai eu tant de peine à accepter, je l'achète immédiatement.

LE COMTE. Ah !... c'est bien décidé.

JEANNE. Cela vous contrarierait-il maintenant ?

LE COMTE. Du tout... seulement je ne comptais plus guère sur cette résolution, et...

JEANNE. Et... vous avez disposé de la somme.

LE COMTE. Pas encore! mais... on doit avant peu me faire un emprunt assez considérable.

JEANNE. M. d'Aurillac ?

LE COMTE. Oui.

JEANNE (à part.) Il était temps. (Haut.) Oh! moi, d'abord, je tiens beaucoup à ce château ; il est magnifique et tout à fait disposé pour donner des fêtes splendides.

LE COMTE. N'en parlons plus, il est à vous. (Il lui donne le portefeuille.)

JEANNE. Que vous êtes bon ! Je vais de suite écrire au notaire. Vous voyez, Georges, à peine me signalez-vous un défaut, je m'empresse de le corriger... mais faites comme moi.

AIR : Berthe, croyez-moi (*Piano de Berthe.*)
Ne vous montrez plus morose et rêveur,
Avec confiance ouvrez-moi votre cœur;
N'oubliez jamais que le chagrin même,
Quand on le partage avec ceux qu'on aime,
    Devient du bonheur.

LE COMTE (parlé). Je tâcherai, Jeanne, je tâcherai.

MÊME AIR.
Mais si quelque ennui trouble encor mon cœur,
Sois sans défiance et surtout sans peur ;
Qu'un soupçon jamais en toi ne s'élève,
Et tout bas dis-toi : Mon époux, s'il rêve,
    Rêve à mon bonheur.

JEANNE. Ah! Monsieur le diplomate !... encore une excuse que vous vous réservez ! Mais celle-là est trop douce à croire pour que

(1) Jeanne, le Comte.

ne l'accepte pas. Au revoir. (Elle lui tend son front.)

LE COMTE. Au revoir. (Il l'embrasse. Elle sort.)

SCÈNE IV.

LE COMTE. Ouvrir mon cœur!... c'est ce que j'essaie vainement depuis deux jours... Je voudrais pourtant... oh! je voudrais bien réparer ma faute... Mais, pour la réparer, il faut en faire l'aveu, et cet aveu... Si son mépris allait être plus fort que son amour... Eh bien, qu'importe!... Ce que je dois avant tout à la pauvre enfant, c'est l'honneur, et si je le lui rendais sans qu'il m'en coûtât rien, où donc serait mon châtiment!... Allons, allons, ma dignité l'exige, mon cœur me le commande, je dois obéir, et j'obéirai.

UN LAQUAIS (du fond). M. le marquis d'Aurillac ; M. le vicomte de Florange.

SCÈNE V.

LE COMTE, D'AURILLAC, FLORANGE.

LE COMTE. Pardieu! Messieurs, vous arrivez bien.

FLORANGE. En vérité ?

D'AURILLAC. Nous sommes charmés de vous trouver en belle humeur.

LE COMTE. Vous avez donc bien des choses à me demander ?

FLORANGE. Toujours la même défiance !

LE COMTE. Et toujours à tort, n'est-ce pas (1)?

D'AURILLAC. Mon Dieu... demander... Certainement que nous venons... demander, mais une chose à peu près convenue.

FLORANGE. Cette somme dont nous avons déjà causé.

LE COMTE. Quatre-vingt mille livres! Rien que cela !

D'AURILLAC. En demandant moins, nous demanderions plus souvent; mieux vaut parler avec franchise.

LE COMTE. Certes !... une fois n'est pas coutume. Je suis désolé, Messieurs, mais je ne vous prends pas en traître ; je vous ai dit : « Je satisferai à votre demande, si mademoiselle Jeanne Landais n'achète pas le château d'Alincourt. » Or, mademoiselle Landais vient de faire acquisition de ce... château, et je lui ai remis, il y a un quart d'heure, les cent mille livres sur lesquelles j'aurais pris votre modeste chiffre.

FLORANGE Mais c'est une dérision !

D'AURILLAC Une extravagance !

FLORANGE. Nous sacrifier à cette fille !

LE COMTE. Monsieur de Florange, j'entends qu'on respecte Jeanne comme moi-même.

D'AURILLAC. Ah! cher ami, vous allez trop loin ; triompher d'une vertu de campagne par un moyen quelconque, cela se voit tous les jours ; mais la garder chez vous, mais déserter pour elle la cour, vos amis, vos amies, et compter, à l'heure qu'il est, un mois de ménage !... c'est monstrueux !...

(1) D'Aurillac, le Comte, Florange.

LE COMTE. Vous trouvez !

FLORANGE. Monstrueux ! c'est le mot.

D'AURILLAC. Du reste, le sujet qui nous a principalement amenés va, je pense, modifier cet état de choses.

LE COMTE. J'en doute un peu.

D'AURILLAC. Oh ! oh ! nous venons vous offrir un parti magnifique.

LE COMTE. Un parti !

FLORANGE. Un mariage digne de toi. Du reste, l'idée est de madame de Prie.

LE COMTE (avec ironie). Marié ! par elle !... et par vous !... Ah ! à qui, je vous en prie ?

FLORANGE. A mademoiselle de Sommerville.

LE COMTE. Comment ! à la fille...

D'AURILLAC. Du duc de Sommerville.

LE COMTE. Mais, si je ne me trompe, ce Sommerville est un sujet dévoué du jeune roi Louis XV, de plus, la créature de Fleury, de Fleury contre qui vous conspirez ! et vous venez offrir sa fille à moi !... que vous avez inscrit en tête de votre liste !

D'AURILLAC. Palsambleu, cher comte, votre observation est juste... je n'y avais pas songé... Eh bien !... mais oui... quelle idée !... Raison de plus pour hâter ce mariage. La marquise de Prie est déjà soupçonnée ; on commence à jeter l'œil sur nous.

FLORANGE. Mieux que cela, on fait déjà des perquisitions.

D'AURILLAC. Or, si nous étions découverts, il est évident que le duc de Sommerville, ayant à préserver son gendre, chercherait... et réussirait à étouffer l'affaire.

LE COMTE. Eh ! parlez donc, Messieurs, puisque vous vous dites dans votre jour de franchise (1) : on m'a enrôlé dans les séditieux pour leur assurer mon portefeuille ; on veut me marier pour leur assurer l'impunité Vous répondrez à madame de Prie que je ne puis épouser mademoiselle de Sommerville ; vous annoncerez à madame de Prix mon mariage avec mademoiselle Jeanne Landais.

FLORANGE et D'AURILLAC. Ah !

LE COMTE. Quant à votre fameux coup d'État, abstenez-vous à l'avenir de m'en importuner. Vous avez ma signature, que je ne puis reprendre, mais c'est tout ce que vous aurez de moi.

AIR : Un page aimait.

A votre tête est une ambitieuse
Dont vous servez le coupable projet ;
Mais, avant peu, sa ligue insidieuse
Va succomber au milieu du trajet.
Venez alors, quand la loi souveraine
Vous frappera. venez sans hésiter ;
Je veux bien subir votre peine,
Je ne veux pas la mériter.

Adieu, Messieurs. (Il sort.)

SCÈNE VI.

FLORANGE, D'AURILLAC.

D'AURILLAC. Eh bien, vicomte ?

FLORANGE. Eh bien, marquis ?

D'AURILLAC. Qu'en dites-vous ?

FLORANGE. J'en reste ébahi.

D'AURILLAC. Mais nous ne sommes pas battus, vertudieu !

____

(1) Florange, le Comte, d'Aurillac.

FLORANGE. Pas battus, fort bien ; mais que faire ?

D'AURILLAC. Que faire !... Tout, excepté de renoncer à ces quatre-vingt mille livres, dont une partie serait si bien accueillie dans notre bourse personnelle... Tout, excepté d'abandonner ce projet de mariage... qui devient notre sauvegarde.

FLORANGE. Mais les obstacles !

D'AURILLAC. On les renverse.

FLORANGE. Et quand l'obstacle est une femme.

D'AURILLAC. Ah !... quand c'est une femme, on l'éloigne.

FLORANGE. Par quel expédient ?

D'AURILLAC. Sans expédients, sans ruses, sans mensonges... La vérité, rien que l'éclatante vérité.

FLORANGE. Comment ?

D'AURILLAC. Nous raconterons à Jeanne les détails de sa cérémonie nuptiale.

FLORANGE. Mais elle ira droit à de Sauvray, et dans les dispositions où il vient de nous quitter...

D'AURILLAC. Nous déciderons Jeanne... à partir sans le voir.

FLORANGE. Et les cent mille livres qu'elle a reçues aujourd'hui ?

D'AURILLAC. Elle n'est pas femme à les garder.

FLORANGE. Mais si elle était avec le comte en ce moment !... (Jeanne paraît au fond.)

D'AURILLAC (bas). Non, la voici ; nous avons la balle en main, ne la laissons pas échapper.

SCÈNE VII.

D'AURILLAC, JEANNE, FLORANGE.

D'AURILLAC (feignant de ne pas voir Jeanne). Non, Florange, non, la conduite de Sauvray n'est pas loyale.

JEANNE (à elle-même, en souriant, et en remettant dans le panneau le portefeuille qu'elle a reçu du comte). Ah ! ah ! il leur a refusé l'argent.

D'AURILLAC. Abuser ainsi une innocente villageoise !...

JEANNE (changeant de ton). Que dit-il ?

FLORANGE. Certes, nous avons à nous reprocher des torts... graves...

D'AURILLAC. Très graves... Mais faire ce que le comte fait aujourd'hui !

JEANNE (s'avançant). Et que fait donc M. de Sauvray, je vous prie ?

FLORANGE et D'AURILLAC (jouant la surprise). Ciel !

JEANNE. Répondez, Messieurs.

D'AURILLAC (avec intention). Mademoiselle... je veux dire : Madame...

JEANNE. Allons, Messieurs... je désire... je veux que vous vous expliquiez.

D'AURILLAC. Mais...

FLORANGE. Épargnez-nous...

D'AURILLAC. D'ailleurs, ce n'est pas encore une nouvelle authentique.

FLORANGE. On en parle seulement.

JEANNE. De quoi parle-t-on ?

D'AURILLAC. Du mariage prochain de M. de Sauvray...

FLORANGE. Avec mademoiselle de Sommerville

JEANNE. Êtes-vous dans votre bon sens, Messieurs? voyez-vous bien à qui vous parlez?.

D'AURILLAC. Hélas! nous voudrions que ce fût à la comtesse de Sauvray... mais il faut bien vous apprendre ce que M. le comte serait obligé de vous avouer d'un jour à l'autre : vous n'êtes pas mariée.

JEANNE (suffoquée). Je...

FLORANGE. Vous n'êtes pas mariée.

JEANNETON. Messieurs, j'ignore vos desseins; mais, quels qu'ils soient, je crois la fable mal choisie. Au départ de Balberam, vous étiez en carrosse avec le comte et moi. Nous sommes descendus ensemble, ici, au château de Sauvray, pour le contrat et la cérémonie.

D'AURILLAC. Sans doute, mais... vous n'avez pas trouvé suspect ce notaire à lunettes, si bien couché sur ses paperasses?

FLORANGE. Vous n'avez pas soupçonné ce vieux chapelain?...

JEANNE. Oh! mon Dieu!... je tremble de comprendre.

D'AURILLAC. C'est que vous comprenez en effet.

FLORANGE. Le notaire...

D'AURILLAC. Le chapelain.

JEANNE (anéantie) (1). Ah! taisez-vous!...

D'AURILLAC (bas à Florange). Le coup a porté...

JEANNE. Jouée à ce point!... (Se levant résolûment et sonnant.)

FLORANGE. Que veut-elle? (Un laquais paraît.)

JEANNE. Faites venir M. le comte

D'AURILLAC (vivement au laquais). Un instant... Pardon, madame la comtesse... (La prenant à part, et à voix basse.) Y songez-vous, Jeanne! voir le comte, et pourquoi? Pour lui demander une réparation?... Fera-t-il donc aujourd'hui ce qu'il n'a pas fait il y a un mois? (Haut.) Sortez.

JEANNE. Mais tout cela est-il vrai, mon Dieu! tout cela est-il possible?

FLORANGE. Hélas! quelle preuve ne pourrions-nous pas vous donner!

D'AURILLAC. Oui, Jeanne, oui, tout cela est bien vrai, et, en présence du brillant mariage qui attend le comte, je ne vois qu'un parti à prendre,

JEANNETTE. C'est de fuir; de fuir à l'instant.

D'AURILLAC. J'y pensais. (A Florange.) Et elle y vient d'elle-même (A Jeanne.) Le jour va baisser; une chaise de poste pourrait vous attendre près de la ruelle et vous conduire où vous désirerez.

JEANNE (2). Oui... oui... Mais laissez-moi... J'ai besoin d'être seule.

D'AURILLAC. Nous nous retirons... (Au fond, bas.) Allons, Florange, chargez-vous d'amener la chaise de voyage.

FLORANGE. Et vous?

D'AURILLAC. Moi, par prudence, j'entre chez le comte. Hâtez-vous, et, quand la belle sera partie, frappez trois coups contre cette boiserie; ce signal m'apprendra que Jeanne est loin d'ici, et alors seulement je quitterai le comte.

FLORANGE. C'est entendu. (Il sort.)

JEANNE. Oh! le perfide!... Mais je ne partirai pas seule! (Elle sonne.)

____

(1) Jeanne, d'Aurillac, Florange.
(2) D'Aurillac, Florange, Jeanne.

D'AURILLAC (près d'entrer à gauche.) Que dit-elle! (Il se tient sur le seuil.)

JEANNE (à un laquais qui entre). Ce n'est pas vous que je veux, c'est Eustache; envoyez-le-moi.

D'AURILLAC. Le paysan!... Elle l'emmène!... Tiens! ça me donne une idée. (Il entre à gauche.)

____

SCÈNE VIII.

JEANNE (seule.) Oh! oui, je partirai.

AIR : d'Yelva.

Triste séjour, palais où mon cœur saigne,
Je vous fuirai pour mon modeste toit ;
Je ne crains pas là que l'on me dédaigne,
Je ne crains pas que l'on m'y montre au doigt.
Vais-je implorer le pardon d'une faute ?
Vais-je chercher la pitié, les secours ?
Non, non ; les yeux levés, la tête haute,
Je vais leur dire : Estimez-moi toujours.
Et mes amis me voyant tête haute,
Me répondront : Nous t'estimons toujours.

____

SCÈNE IX.

EUSTACHE, JEANNE.

EUSTACHE. Madame la comtesse me demande individuellement.

JEANNE. Oui, mon bon Eustache... Ah! tiens, donne-moi ta main... J'ai besoin de serrer la main d'un ami.

EUSTACHE. Mon Dieu!... comme vous avez un air qui... et puis comme vous me dites des choses que..

JEANNE. Voyons, nous n'avons pas de temps à perdre (1).

EUSTACHE. Mais qué qu'il se passe donc?

JEANNE. Je te dirai tout en route. (Elle ouvre le petit panneau et en retire deux portefeuilles.)

EUSTACHE. En route!... Oùsque nous allons donc, Madame la comtesse?

JEANNE. Oh! d'abord, cesse de me donner ce titre de comtesse... qui me blesse l'oreille... et me déchire le cœur .. Appelle-moi Jeanneton comme autrefois, Mam'zelle Jeanneton... Tu vas me conduire en Franche-Comté, à Balberam.

EUSTACHE. C'est-il Dieu possible! Je rêve-t-y!... ou je dors-t-y!... Non, je suis-t-y éveillé... ou je dors-t-y pas!... Allons bon... j'perds-t-y la boule!

JEANNE. Calme-toi, Eustache; tu sauras tout, te dis-je. Voyons... d'abord, cet argent... Tout y est bien... Mais comment le lui faire parvenir? Je verrai. Maintenant ce coffret...

EUSTACHE (intrigué, à part.) Mais qué qu'elle se dégoise donc comme ça à soi toute seule.

JEANNE. La clef, dans ma bourse, je crois... (Fouillant à sa poche.) Mais... cette bourse .. Ah! je me souviens! .. Je l'ai remise à Toinette pour en donner l'argent aux pauvres... Eustache, va demander à Toinette...

EUSTACHE. Mais elle n'est pas ici, Toinette; elle a dit comme ça que vous lui aviez permis de passer la soirée chez une payse.

JEANNE. C'est vrai... quel contre-temps!...

EUSTACHE. C'est-y que vous tenez à ouvrir ça?

____

(1) Jeanne, Eustache.

JEANNE. Si j'y tiens!

EUSTACHE. Eh! bien, je vas voir avec mon couteau... Ça ne doit pas être une porte de prison que cette serrure-là.

JEANNE. Oui, oui, essaie.

EUSTACHE. (Essayant avec un couteau d'ouvrir la cassette.) A vrai dire, je suis bien aise de trouver une occasion de voir quoi qu'il y a là-dedans; ça m'a toujours un brin interloqué.

JEANNE. Oh! mon pauvre ami, c'est bien simple...

EUSTACHE. Ne dites pas... ne dites pas... Je veux avoir le plaisir de la surprise. (Il rencontre avec son couteau le ressort du couvercle, qui s'ouvre tout d'un coup.) Ça y est.

JEANNE (examinant.) Mais non.

EUSTACHE. Qué qu'c'est donc que ça?

JEANNE. Ce coffret avait une cachette.

EUSTACHE. Un double-fond dans le *couvé-que*!...

JEANNE. Et ces papiers... (Elle les retire du coffre.) Ceux du complot, sans doute. (Parcourant les papiers.) Oui, c'est bien cela... Liste des affiliés... et en première ligne, le comte de Sauvray... Oh! le malheureux!...

EUSTACHE. Pour lors, c'est pas ça que vous vouliez?

JEANNE. Non, non. (Elle lui donne les papiers qu'il renferme dans la cachette.) Mais Toinette a peut-être rapporté cette bourse dans ma chambre. (Elle se dirige vers sa chambre.)

EUSTACHE. Je vous suis-t-y?

JEANNE. Oui, oui; si quelqu'un venait, ton embarras perdrait tout.. Et ferme ce panneau... que rien ne me trahisse avant que je sois loin d'ici. (Elle sort à droite.)

EUSTACHE. Mais qué mic-mac... J'y comprends pas plus qu'aux contes de fées de ma tante Grappin... (Il veut fermer l'armoire, et la clef ne tourne pas bien.) Allons, c'est donc le jour aux serrures mauvaise tête... la clef tourne ni plus ni moins qu'un bancal dans un fourreau. Ah! jarni, tu te fermeras ou tu diras pourquoi. (Il donne trois coups de poing sur l'armoire qui se ferme enfin; puis, il s'en va en disant:) N'y a rien de tel que la douceur. (Il sort à droite.)

SCÈNE X.

LE COMTE, D'AURILLAC, puis FLORANGE.

D'AURILLAC. J'ai entendu le signal,.. Jeanne n'est plus à craindre. (Au comte.) Oh! vous pouvez me reconduire, cher comte; je n'ai pas peur que vous trouviez ici quelqu'un pour me démentir.

LE COMTE (pâle et agité.) Si vous vous jouiez de moi, Monsieur d'Aurillac!

D'AURILLAC. Voyez par vous-même, cher ami; visitez, fouillez l'hôtel.

LE COMTE (assis et accablé.) Partie!...

D'AURILLAC. A bien prendre, ce lourdaud n'était pas vilain garçon.

LE COMTE. Partie!

D'AURILLAC. Et le portefeuille aussi devait avoir bonne mine.

LE COMTE (à lui-même.) Je ne veux croire qu'à une imposture, et je n'ose point aller au devant de la vérité...

D'AURILLAC. Mais vous devez avoir besoin de solitude, mon pauvre ami; je vous laisse... (A lui-même.) Je nage en plein succès... (Arrivé à la porte, il se trouve en face de Florange, qui allait entrer; il lui montre le comte en lui faisant signe de parler bas.)

FLORANGE (bas.) J'amène la voiture.

D'AURILLAC. Comment?...

FLORANGE. Je viens chercher Jeanne.

D'AURILLAC. Elle n'est pas partie!

FLORANGE. Naturellement, puisque je ne vous ai pas donné le signal.

D'AURILLAC. Maugrebleu!... mais j'ai pourtant bien distingué... à travers ce panneau... Eh! vite, eh! vite, tâchons de remédier... (Ils vont se diriger à la dérobée dans la chambre de Jeanne.)

JEANNE (dans la coulisse.) Prends donc garde, Eustache. (Les deux seigneurs s'arrêtent; le comte lève la tête.)

FLORANGE. La voici!

D'AURILLAC. Le comte l'a entendue.

FLORANGE. L'affaire est manquée.

D'AURILLAC. Allons tout conter à la marquise!... (Ils sortent.)

(Le comte se tient à l'écart.)

SCÈNE XI.

LE COMTE, EUSTACHE, JEANNE.

EUSTACHE (entrant le premier.) Pas plus de clef que sur mon nez!

JEANNE. Rien... N'importe, la nuit approche, partons toujours ainsi, et à la première halte.

LE COMTE (1), (se montrant.) A la première halte! Vous y êtes...

JEANNE ET EUSTACHE. Le comte!

EUSTACHE. Ma foi, Monseigneur...

LE COMTE (avec colère, à Eustache.) Sortez.

EUSTACHE (regardant Jeanne.) Que je?...

LE COMTE. Sortez, je vous chasse. (Eustache semble consulter Jeanne du regard.)

JEANNE. Va, et laisse ce coffret.

Air final de Fra-Diavolo.

ENSEMBLE.

LE COMTE.

Sachons maîtriser ma colère,
Puisqu'à présent je suis ici;
N'en sortons plus que ce mystère
A mes yeux ne soit éclairci.

JEANNE.

D'où lui vient donc cet air sévère?
Et pourquoi prend-il aujourd'hui
Avec moi ce ton de colère
Que je devais prendre avec lui?

EUSTACHE.

D'où lui vient donc tant de colère?
Pourquoi me chasse-t-il ainsi?
Sortons toujours, et ce mystère
Me sera plus tard éclairci.

(Il sort.)

SCÈNE XII.

LE COMTE, JEANNE.

LE COMTE. Ma présence vous déconcerte un peu!... Vous ne vous attendiez pas à me trouver sur votre passage.

---

(1) Eustache, le Comte, Jeanne.

JEANNE. Je l'avoue ; mais ce que j'attendais moins encore, c'est votre ton d'arrogance et d'audace.

LE COMTE. Oh! n'espérez pas me donner le change ; on m'a tout dit ; d'ailleurs, n'ai-je pas tout surpris? Cette fuite clandestine, avec cette cassette, en compagnie de ce rustre..). Un mois d'hypocrisie et de mensonge!

JEANNE. Monsieur!...

LE COMTE. Oh! ne m'interrompez pas ; vous voyez que je suis bien instruit. Oui, vous aimiez ce paysan, vous ne m'avez suivi que pour vous assurer une fortune... Oh! vous m'avez demandé d'avance le coffret destiné à vos prévoyantes épargnes, et. satisfaite maintenant du chiffre de la tirelire, Jeanneton s'en retourne avec son rustique amant vivre des dépouilles de Madame de Sauvray.

Air de Renaud de Montauban.

A l'exposé de cet habile plan,
Naïvement on est tenté de croire
Qu il ne s'agit que d'un simple roman.
A vous revient tout l'honneur de l'histoire.
Si l'un de nous, abusé dans sa foi,
Devait sitôt voir le fond de l'abîme ;
Si l'un devait être dupe et victime,
Aurais je cru que ce fût moi.
Et pourtant la dupe, c'est moi (1).

JEANNE. Vous m'aviez dit de ne pas vous interrompre, j'ai obéi ; mais il m'en a coûté, je vous le jure. D'où viennent toutes ces odieuses calomnies? je ne vous le demande pas ; sans en comprendre le but, j'en devine les auteurs... Mais, sachez-le bien, Monsieur le comte, l'amour que j'avais la candeur de vous avouer, je le ressentais en effet ; le mariage que j'exigeais était bien le vœu de l'honneur et non d'une basse cupidité ; le compagnon que j'emmenais avec moi était un pauvre paysan qui, voyant son amour repoussé, voulait m'imposer du moins son amitié que je n'ai pas cru devoir refuser, que j'ai bien fait de ne pas refuser, puisque je l'invoque aujourd'hui pour protéger ma fuite.

LE COMTE. Pourquoi donc fuiriez-vous alors?

JEANNE. Pourquoi ? Parce qu'en jurant d'être la compagne dévouée d'un époux, je n'ai pas juré de rester la dupe d'un séducteur.

LE COMTE. Jeanne!...

JEANNE. A votre tour, ne m'interrompez pas... parce que vous m'avez trompée... et trompée indignement. Une jeune fille, il est vrai, n'est qu'un jouet pour vous ; son déshonneur, voilà votre but ; la ruse ou la violence, voilà vos armes!

Air. Précédent.

Et vous osez parler de trahison
Après un mois de feinte si cruelle!
Vous m'accusez, vous, dans cette maison ;
Vous m'accusez devant cette chapelle !
Ah ! vous aviez raison ; oui, l'un de nous
Peut maintenant voir le fond de l'abîme ;
Oui, de nous deux, l'un est dupe et victime ;
Mais répondez, est-ce bien vous ?
Ah! la dupe, ce n'est pas vous.

LE COMTE. Qui vous a dit, Jeanne?...

JEANNE. Ne le devinez-vous pas ?

____

(1) Jeanne, le Comte.

LE COMTE (à lui-même.) Encore eux!... Toujours eux!...

JEANNE. Quant au vil intérêt que l'on m'impute, mes comptes seront faciles à rendre. Voici le prix de vos diamants, do t je ne voulais pas... Voici le prix de votre château .. que je n'eusse point acheté. Ah! je comprends que vos deux amis ne m'aient pas pardonné de leur enlever 160,000 livres que votre faiblesse ne leur eût pas refusées.

LE COMTE (avec un peu de confusion.) C'était pour moi... Mais ce sont eux aussi qui m'ont révélé votre fuite en l'entourant de mille calomnies... et cela, au moment où je venais de déplorer mon crime, d'avouer mes remords, de proclamer hautement ma volonté de tout réparer.

JEANNE. Il se pourrait!... Mais votre mariage avec Mademoiselle de Sommerville.

LE COMTE. Mademois.....! Oh! je les comprends enfin... pour le rendre possible, cet insidieux mariage, il fallait bien nous désunir, nous.

JEANNE. Dites-vous vrai, Monsieur le comte? J'ai tant besoin de vous croire un peu moins coupable... Mon Dieu ! la colère et même le mépris ne tuent pas l'amour ; je sens que je vous aimerais encore, que je vous pardonnerais même si votre repentir était le signal de ma réhabilitation.

LE COMTE (avec passion.) Oh! oui, ma Jeanne, ne doute plus de moi, rends-moi ce cœur que je passerai ma vie à mériter, et moi... oh! je te le jure, je te rendrai ce nom qui t'appartient, tu seras ma femme, ma femme devant Dieu comme devant tous. Oh! ce ne sera plus de l'amour, vois-tu ; ce sera un culte, une vénération !... Allons, plus de défiance... Que tes mauvais souvenirs s'effacent !... Que ce nuage de souffrance s'évanouisse dans l'horizon d'un bonheur inaltérable.

JEANNE (lui tendant la main.) Georges.

LE COMTE (la prenant dans ses bras.) Ah! merci, merci.

____

SCÈNE XIII.
LES MÊMES, EUSTACHE.

EUSTACHE (accourant.) Pardon, Monsieur le comte, si vous me voyez encore, malgré que vous m'ayez invité à ne pas revenir, mais c'est comme ça... des soldats... et puis un homme noir qu'est, à ce qu'il dit, un exempt.

JEANNE. Un exempt!... On vient vous arrêter, Georges.

LE COMTE. Non, Jeanne ; de simples recherches... Je ne cours aucun danger.

EUSTACHE. Les voilà !...

JEANNE (l'appelant à la dérobée). Eustache !... (Elle lui parle bas.)

____

SCÈNE XIV.
LE COMTE, JEANNE, EUSTACHE, TOINETTE, LE LIEUTENANT DE POLICE, DEUX AGENTS.

LE LIEUTENANT. Pardonnez-moi, monsieur le comte, de venir vous relancer à la campagne.

EUSTACHE (répondant bas à Jeanne). Fameux !

j'ai compris ! (Il se tient près de la table, masqué par Jeanne, et remplace les papiers cachés dans la cassette par les deux portefeuilles du comte.)

LE LIEUTENANT. Mais une première perquisition à votre hôtel ayant été sans résultat...

LE COMTE. Vous avez pensé qu'une seconde perquisition serait ici plus heureuse.

LE LIEUTENANT. Précisément, monsieur le comte. Du reste, nous avons un renseignement assez positif, qui nous dispensera, vous et moi, de longues recherches.

LE COMTE. Un renseignement ! (Jeanne démasque le coffret.)

LE LIEUTENANT (l'apercevant). Eh ! tenez, ne serait-ce pas là l'objet d'art en question ?

TOINETTE (paraissant à la porte de droite) (1). En v'là bien d'une autre !... La police dans la maison.

LE LIEUTENANT. Pardon, monsieur le comte, le jour baisse sensiblement ; pourrais-je avoir de la lumière ?

JEANNE. Eustache, allumez... Allumez ces flambeaux. (Elle lui tend les papiers à la dérobée.)

EUSTACHE. Avec... Oh ! oui ! quelle idée lumineuse !

LE LIEUTENANT. Vous avez la clef de ce coffret ?

JEANNE. C'est à moi qu'il appartient, Monsieur, et j'en ai égaré la clef aujourd'hui même.

TOINETTE. Ça ne serait point par hasard c'telle-là que j'ai trouvée dans la bourse de Madame ?

JEANNE. Ma clef !...

LE LIEUTENANT. Au surplus, le contenu du couvercle doit nous satisfaire ; le reste nous est indifférent.

EUSTACHE. Voilà de quoi y voir clair. (Il tient près du lieutenant un flambeau à plusieurs branches qu'il allume avec les papiers du complot qu'il a réunis en une torche.)

LE LIEUTENANT. C'est un ressort qui fait jouer cette ingénieuse cachette. (Il cherche.)

EUSTACHE (à part, l'éclairant). Fouille, mon bonhomme, fouille ; tu n'y vois que du feu. (Le lieutenant a trouvé le ressort, le couvercle s'ouvre et laisse voir les portefeuilles. Le lieutenant les ouvre et les examine.)

JEANNE (bas au comte). Bon espoir ! (Haut au lieutenant.) En vérité, les ennemis de M. de Saulvray ont bien calomnié ce coffret ; son innocente cachette ne protège, comme vous voyez, que mes petites économies... et n'a jamais abrité de secrets politiques.

LE LIEUTENANT (examinant toujours). En effet !...

LE COMTE (bas à Jeanne). Mais... les papiers.

JEANNE. Ils ont allumé le flambeau qu'a demandé lui-même M. l'exempt.

LE COMTE. Tu savais donc ?...

JEANNE. Je ne sais plus qu'une chose, c'est que vous êtes sauvé.

LE COMTE (avec reconnaissance). Oh ! Jeanne !...

LE LIEUTENANT. Rien !... Monsieur le comte,

d'après nos renseignements, cette cassette devait fournir les seules preuves existantes du complot. Je ne puis me retirer sans l'avoir visitée complétement.

JEANNE. Mais elle ne renferme aucun papier.

LE LIEUTENANT. Je ne demande qu'à m'en convaincre, Madame ; après quoi je serai forcé de croire à de faux rapports, et je n'aurai plus qu'à me retirer. Cette clef, je vous prie ?

JEANNE (lui donnant la clef). Ouvrez, Monsieur.

LE COMTE (à part). Quelle est donc cette mystérieuse relique ? Musique. — Le lieutenant ouvre la cassette. Un exempt en retire le costume que Jeanne portait au premier acte. Tout le monde regarde avec étonnement. Jeanne reste immobile.)

EUSTACHE. Son jupon à fleurs !

TOINETTE. Son casaquin !

LE COMTE. Ce costume !...

LE LIEUTENANT. Des vêtements de paysanne !... C'est une singularité que je ne m'explique pas... Mais il m'est impossible de voir là les pièces à conviction de l'affaire qui nous occupe. Allons, M. de Fleury en sera pour ses frais de perquisition. (Saluant.) Monsieur le comte... Madame... (A ses hommes.) A Paris, Messieurs ! (Ils sortent.) (1).

LE COMTE. Jeanne !... que veut dire ?...

JEANNE. Pour suivre l'homme que j'aimais, j'allais devenir grande dame ; mais, au milieu de mon opulence, j'ai voulu garder quelque chose qui me rappelât toujours cette vie obscure, qui fut celle de ma mère. Cette simplicité que j'aimais tant... Un caprice, direz-vous... (Bas au comte.) N'était-ce pas plutôt un pressentiment... Cette robe n'allait-elle pas me servir à retourner au village ?

LE COMTE. Jeanne, vous m'avez promis d'oublier !...

EUSTACHE. Jarni ! si jamais j'aurais cru que c'te boîte était votre garderobe !... Mais c'est égal, c'est bien de ne pas oublier ses vieux amis, et, si je deviens marquis, je suivrai votre exemple.

TOINETTE. Comment, marquis !... Puisque vous m'épousez.

EUSTACHE, Moi !!!

JEANNE (à Eustache). Tu le sais bien... avec la petite maison de Balberam pour dot...

EUSTACHE. Ah ! Jeanneton...

JEANNE. Hein ! hein !... madame la comtesse. (Se retournant vers le comte.) N'est-ce pas ?

EUSTACHE. V'là que ça rechange encore !... Ah ! tenez, je ne cherche plus tant seulement à comprendre. Je retourne en Franche-Comté, et j'accepte la maison... (Offrant le bras à Toinette.) Malgré ses dépend... (Se reprenant.) Avec ses dépendances.

CHŒUR.

Air : de M. Oray.

Chassons de notre souvenir
Un moment de cruel orage,
Puisqu'un horizon sans nuage
Se dessine dans l'avenir.

---

(1) Eustache, le Lieutenant, Jeanne, le Comte, Toinette.

(1) Eustache, Toinette, Jeanne, le Comte

FIN.

Paris. — Impr. D'EMILE ALLARD, rue d'Enghien, 12.

CATALOGUE DE L'ALBUM DRAMATIQUE.

Publié par MIFLIEZ, Libraire-Éditeur, Passage Vendôme, 19.

MISERI! où un ARRÊT DE DESTIN, vaudeville en un acte. 30 c.
LE CHEMIN DES AMOUREUX, vaudeville en deux actes. 40 c.
PAQUETTE ET CAYBAY, vaud. en un acte. 50 c.
UN MARI DANS L'EMBARRAS, vaudeville en un acte. 40 c.
LES TOILETTES DE LUCETTE, vaudeville en deux actes. 40 c.
UNE ALLUMETTE ENTRE DEUX FEUX, vaudeville en un acte. 50 c.
LES HIROCYDALES, vaud. en un acte. 30 c.
UN VOISIN DE CAMPAGNE, vaudeville en deux actes. 40 c.
L'ARGENT PAR LES FENÊTRES, vaudeville en trois actes. 40 c.
LE PONTE-BRANÇAL D'AUSTERLITZ, drame en un acte. 30 c.
LE DROIT DE VISITE, vaud. en un acte. 30 c.
UN POINT DE VUE, vaud. en un acte. 30 c.
LES TRAVAILLEURS BRANÇAIS, vaudeville en un acte. 30 c.
VENDS, GENTILLE DAME! coméd.-vaud. en un acte. 30 c.
UNE NUIT SUR LA SCÈNE, comédie mal rendu, en deux scènes. 30 c.
PENDANT L'ORAGE, d.-vaud. en un acte. 30 c.
SUR LA COURTISANE, coméd.-v. en un acte. 30 c.
APRÈS LA BATAILLE, drame-vaudeville un acte. 30 c.
LE BARBIER, DE LA COURTIÈRE, tableau en un acte. 30 c.
MADAME FLAVIGNY, vaud. en un acte. 30 c.
CHÉGUSAN, comédie en cinq actes et six tableaux, avec prologue. 1 fr.
LA ZARA CHARMANT, com.-vaudeville en deux actes. 40 c.
LA FLEUR DU MÉGISSIER, vaud. en 3 actes. 30 c.
CHIEN ET CHAT, com.-vaud. en un acte. 30 c.
UN MARI SOUDÉ DES NOCES, vaudeville en un acte. 30 c.
LES BLANCMANGEARS DE L'ANNÉE, revue de 1853, en cinq actes dont deux en 1 acte. 30 c.
UN BAL À ÉNORTRÈS, vaud. en un acte. 30 c.
UN SALUIS DANS LA MANCHE, vaudeville en un acte. 50 c.
LE POTAGER DU COURTIER, vaudeville en un acte. 30 c.
PETITS PROVERBES, vaud. en un acte. 30 c.
LE CARTON VERT, vaud. en deux actes. 60 c.
LES MÉMOIRES DE LA TANTE, com.-vaud. en un acte. 30 c.
LA FILLE DU HUSSARD, c.-vaud. 3 actes. 30 c.
LES OUBLIÉTTES DE VAUGORAC, vaud. en 1re acte. 45 c.
UNE FEMME QUI S'ENNUIE, vaud. en 3 a. 30 c.

MARGUERITE ET BOUTON D'OR, v. en un a. 30 c.
LA VIE PASSÉE D'UNE GRISETTE, v. 1 a. 30 c.
LA GLYCÈRE EN MÉNAGE, v. en un acte, 30 c.
LA QUESTION D'OCCUPANT, à-propos, en un acte. 20 c.
LE PÊCHEUR DRAMAIS, v. en un acte. 30 c.
DEUX TANTES, vaud. en un acte. 30 c.
PERDU OU MARIÉ, vaud. en un acte. 30 c.
LE VIOLON DU PÈRE DIMANCHE, pièce en trois actes, imité de couplets. 30 c.
À COURS DE BAYON, c. en 1 m. de Ch. 30 c.
LE FORGERON DE GRETNA GREEN, v. 2 a. 40 c.
LA MÈRE GIGOGNE, revue, en 2 a. 2 tab. 30 c.
NOUS MARIONS PARIS, coméd.-vaud, 1 act. 30 c.
LA FOIRE AUX PLAISIRS, revue de 1834, en 3 actes et 3 tableaux. 40 c.
LE BAL ANTINOUS, vaudeville en 1 acte. 30 c.
LE FESTIN DE BALTHASAR, pièce de carnaval, en 3 a. mêlée de couplets. 40
NOUS EN FERONS UN AVOCAT, v. 1 acte. 30
LE JEU DU CŒUR, vaudeville en 3 actes. 40
DEUX DOUTES DU CORPS, vaud., 1 acte. 30
LE CAMPIER DE LA RUE CHARLOT, v. 1 a. 30
L'AMOUREUX D'UNE REINE, vaudev. 1 acte. 30
CONGÉ AVANT MIDI, folie en un acte. 30
EN M. QUI VOIT TOUT EN JAUNE, c.-v 3 a. 30
L'ENFANT DU PETIT MONDE, v. en 3 a. 30
UNE COLÈRE ROSE, vaudev. en un acte. 30
LES DOMESTIQUES DE PARIS, v. en 2 a. 40
OÙ SONT LES PINCETTES, vaudev, 1 acte. 30
DZING! BOUM! BOUM! rev., 3 a., 16 t. 50
LE MONDE, vaudeville en 3 actes. 40
LE SÉRÉ DE GRAVIGNAC, vaudeville-légende. 50
AIDE-TOI LE CIEL T'AIDERA, vaudev, 1 acte. 50
UN SOLITÉ À L'EAU-DE-ROUGE, vaud, 4 acte. 50
UNE ÉDITION D'ÉCLAT, vaudeville 1 acte. 30
HISTOIRE D'UN CHÂLE, vaudeville en 2 actes. 40
L'HABIT D'UN GRAND SEIGNEUR, v., 2 actes. 40
LA VIVANDIÈRE DES ZOUAVES, en un acte. 30
UN MÉPHRÉLON SIAM-PUIS, vaud. en un acte. 30
S'AIMER SANS S'VOIR, folie-vaud. 4 acte. 30
LE VOYAGE D'ANACHARSIS, vaud. 3 a. 5 tab. 50
LE JARDINIER DU CHÂTEAU, vaud. 1 acte. 50
LE RÉVEIL DU DIABLE, pantomime 3 a. 50
UNE FEMME QUI N'Y SET PAS, vaud, 1 a. 30
CHEZ VOUS, CHEZ NOUS, CHEZ MOI, v. 3 a. 40
UN MARIAGE À PROPOS DE BOTTES, v. 1 a. 30
LISETTE, vaudeville en un acte. 30
MANON DE NIVELLE, vaudeville en 3 actes. 40
MASQUES ET VISAGES, v. en un acte. 30
FAIS LA COUR À SA FEMME, com.-v. 4 acte. 40
AMOUR ET AMOUR-PROPRE, vaud, 1 a. 30
MONSIEUR EST DE LA NOCE? com.-v. 3 a. 30
UN GRISON DE LETTRES, c.-v. 1 a. 30
LA COQUETTE, comédie-vaud, en 4 a. 30
L'ANNEAU MYSTÉRIEUX, c.-vaud, 1 acte. 30
LA CASETTE À PLUMETON, vaud, en 2 a. 40

Imp. d'Émile Strauss, rue d'Enghien, 14.

CATALOGUE DE L'ALBUM DRAMATIQUE.

Publié par MIFLIEZ, Libraire-Editeur, Passage Vendôme, 19.

MINUIT! OÙ UN ARRÊT DU DESTIN, vaudeville en un acte... 30 c.
LE CHEMIN DES AMOUREUX, vaudeville en deux actes... 1 fr.
PAQUETTE ET GRIVET, vaud. en un acte. 1 fr.
UN MARI DANS L'EMBARRAS, vaudeville en un acte... 50 c.
LES VIOLETTES DE LUCETTE, vaudeville en deux actes... 40 c.
UNE ALLUMETTE ENTRE DEUX FEUX, vaudeville en un acte... 50 c.
LES HIRONDELLES, vaud. en un acte... 30 c.
UN VOISIN DE CAMPAGNE, vaudeville en deux actes... 40 c.
L'ARGENT PAR LES FENÊTRES, vaudeville en trois actes... 40 c.
LE PORTE-DRAPEAU D'AUSTERLITZ, drame en un acte... 30 c.
LE DROIT DE VISITE, vaud. en un acte... 30 c.
UN DOIGT DE VIN, vaud. en un acte... 30 c.
LES TIRAILLEURS FRANÇAIS, vaudeville en un acte... 30 c.
VIENS, GENTILLE DAME!... coméd.-vaud. en un acte... 30 c.
UNE NUIT SUR LA SCÈNE, compte mal rendu, en deux scènes... 20 c.
PENDANT L'ORAGE, d.-vaud. en un acte. 30 c.
SUR LA GOUTTIÈRE, com.-v. en un acte. 30 c.
APRÈS LA BATAILLE, drame-vaudeville un acte... 30 c.
LE RAPHAEL DE LA COURTILLE, tableau en un acte... 30 c.
MADAME FLAMBART, vaud. en un acte... 30 c.
CHÉRUBIN, comédie en cinq actes et six tableaux, avec prologue... 1 fr.
UN PAPA CHARMANT, com.-vaudeville en deux actes... 40 c.
LA PERLE DU RÉGIMENT, vaud. en 1 acte 30 c.
CHIEN ET CHAT, com.-vaud. en un acte. 30 c.
UN MARI TOMBÉ DES NUES, vaudeville en un acte... 30 c.
LES BALANÇOIRES DE L'ANNÉE, revue de 1852, en cinq actes dont deux entr'actes... 40 c.
UN BAL A ÉMOTIONS, vaud. en un acte. 50 c.
UN RELAIS DANS LA MANCHE, vaudeville en un acte... 30 c.
LE POTAGER DE COLIFICHET, vaudeville en un acte... 30 c
PETITE PROVENCE, vaud. en un acte. 30 c.
LE CARTON VIVANT, vaud. en deux actes. 40 c.
LES MÉMOIRES DE MA TANTE, com.-vaud. en un acte... 30 c.
LA FILLE DU HUSSARD, c.-vaud. 3 actes 30 c.
LES ORPHELINES DU FAUBOURG, vaud. en trois actes... 40 c.
UNE FEMME QUI S'ENNUIE, vaud. en 3 a. 40 c.

MARGUERITE et BOUTON D'OR, v. en un a. 30 c.
LA VIEILLESSE D'UNE GRISETTE, v. 1 a. 30 c.
UN GENDRE EN MI-BÉMOL v. en un acte. 30 c.
LA QUESTION D'OCCIDENT, à-propos, en un acte... 20 c.
LE PÊCHEUR BÉARNAIS, V. en un acte.. 30 c.
DEUX TUILES, vaud. en un acte... 30 c.
PENDU ou MARIÉ, vaud. en un octe... 30 c.
LE VIOLON du PÈRE DIMANCHE, pièce en trois actes, mêlée de couplets... 50 c.
A COUPS DE BATON, c. en 1 m. de Ch. 30 c.
LE FORGERON DE GREETNA GREEN, v. 2 a. 40 c.
LA MÈRE GIGOGNE, revue-v. en 2a 3 tab. 2fr.
NOUS MARIONS PAPA, coméd-vaud. 1 act. 40 c.
LA FOIRE AUX PLAISIRS, revue de 1854, en 3 actes et 5 tableaux... 40 c.
LE BEL ANTINOUS, vaudeville en 1 acte. 30 c.
LE FESTIN DE BALTHASAR, pièce de carnaval, en 3 a. mêlée de couplets.. 40
Nous en ferons un Avocat, v. 1 acte. 30
LE JEU DU COEUR, vaudeville en 3 actes. 40
DEUX DROLES DE CORPS, vaudev. 1 acte... 30
LE VAMPIRE DE LA RUE CHARLOT, v. 1 a... 30
L'AMOUREUX D'EN FACE, vaudev. 1 acte... 30
CONGÉ AVANT MIDI, folie en un acte... 30
UN M. QUI VOIT TOUT EN JAUNE, c-v 3 a... 50
L'ENFANT DU PETIT MONDE, v. en 3 a... 50
Une Colume russe, vaudev en un acte... 30
Les Domestiques de Paris, v. en 2 a... 40
Où sont les Pincettes, vaudev. 1 acte... 30
Dzing! Boum! Boum! rev., 3 a., 16 t... 50
LE MONDE, vaudeville en 2 actes... 40
LE SIRE DE FRANBOISY, vaudeville-légende.. 30
Aide-toi le Ciel t'aidera, vaudev. 1 acte.. 30
Un Suicide à l'Encre rouge, vaud. 1 acte. 30
Une Action d'Éclat, vaudeville 1 acte... 30
Histoire d'un Châle, vaudeville en 2 actes 40
L'Habit d'un grand Seigneur, v. 2 actes. 40
La vivandière des Zouaves, en un acte... 20
Un Monsieur bien mis, vaud. en un acte. 30
S'aimer sans y Voir, Folie-vaud. 1 acte. 30
Le Voyage d'Anacharsis, vaud. 3 a. 5 tab. 50
Le Jardinier du Château, vaud. 1 acte... 30
Le Moulin du Diable pantomime 2 a. 20
Une Femme qui n'y est pas, vaud. 1 a. 30
Chez Vous, chez Nous, chez Moi, v. 3 a. 40
Un Mariage à propos de bottes, v. en 1 a. 30
Lisette, vaudeville en un acte... 30
Manon de Nivelle, vaudeville en 3 actes. 40
Masque et Visage, v. en un acte... 30
Fais la Cour à ma Femme, com.-v. 1 acte. 30
Amour et Amour-Propre, vaud. 1 a... 30
MONSIEUR EST DE LA NOCE? com.-v. 3 a... 50
UN GROOM DE LETTRES, c.-v. 1 a... 30
LA LORGNETTE, comédie-vaud. en 1 a... 30
L'ANNEAU MYSTÉRIEUX, c.-vaud. 1 act. e... 30
LA CASSETTE A JEANNETON, vaud. en 2 a... 40

Imp. d'Emile ALLARD, rue d'Enghien, 14.